Un Cuento de Árboles

Los bosques y el mundo en el *legendarium*

de J.R.R. Tolkien

Un Cuento de Árboles

Los bosques y el mundo en el *legendarium*

de J.R.R. Tolkien

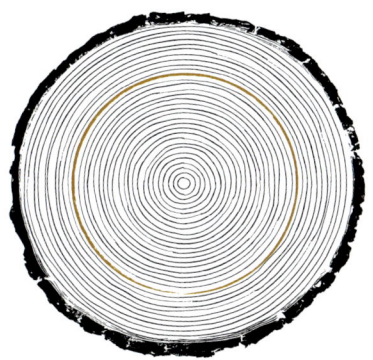

Martin Simonson

Fotografías de Thomas Örn Karlsson

Música de Anders Nordgren

LEGENDARIA

Literatura fantástica

Un Cuento de Árboles:
Los Bosques y el Mundo en el legendarium *de J.R.R. Tolkien*
Martin Simonson

Fotografías de Thomas Örn Karlsson
Música de Anders Nordgren

Diseño de cubierta y maquetación:
Marta Tejedor

© 2025 Del texto: Martin Simonson
© 2025 De las fotografías: Thomas Örn Karlsson
© 2025 De la música: Anders Nordgren
© 2025 LEGENDARIA EDICIONES
EntreAcacias, S.L.
[Sociedad editora]
Covadonga, 8
33002 Oviedo - Asturias (España)
info@legendariaediciones.com
www.legendariaediciones.com
1ª edición: octubre, 2025
ISBN: 978-84-10037-34-2
Depósito Legal: AS 02947-2025
Impreso en España/Printed in Spain
Impreso por Podiprint

Dedico este libro a mis amigos, colegas y amantes de los árboles Calle Bergil, Andoni Cossio, Patrick Curry, Johan Friman, Laura Garrido, Robert Macfarlane, Jon Mentxakatorre, Arantza Rementería, Asle Toje, Angélica Varandas, Hannes Wingate y Thomas Örn Karlsson. Vuestro entusiasmo, sensibilidad y sabiduría son fuentes constantes de inspiración. Mi abuelo, Lennart Simonson (1928-2021), y mi padre, Birger Simonson, han mantenido bosques enteros para mi deleite desde que tengo ojos para verlos y oídos para escucharlos. Por último, los jardines de delicias arbóreas bajo los cuidados de mi madre, Cecilia Bergil, y su marido Jan-Olov Nilsson, siempre han sido para mí remansos de serenidad y esperanza. Estaré siempre agradecido a todos vosotros.

Martin Simonson, Acebedo, octubre 2025

Índice

III. La Segunda Edad: las talas y el fin del mundo

IV. La Tercera Edad: árboles viejos y retoños nuevos

Abreviaturas

Los títulos de las obras más frecuentemente citadas quedan abreviados de la siguiente manera:

Cartas	*Cartas de J.R.R. Tolkien.* Edición de Humphrey Carpenter y Christopher Tolkien. Barcelona, Minotauro, 1993.
Silmarillion	*El Silmarillion.* Edición de Christopher Tolkien. Barcelona: Minotauro, 2006.
Inconclusos	*Cuentos Inconclusos de Númenor y la Tierra Media.* Barcelona: Minotauro, 2007.
Comunidad	*Comunidad del Anillo.* Primera parte de *El Señor de los Anillos.* Barcelona: Minotauro, 1977.
Torres	*Las dos torres.* Segunda parte de *El Señor de los Anillos.* Barcelona: Minotauro, 1977.

Retorno	*El retorno del Rey*. Tercera parte de *El Señor de los Anillos*. Barcelona: Minotauro, 1977. *[Debido a la gran cantidad de ediciones de* El Señor de los Anillos, *las tres partes de esta obra serán citadas con referencia al título, seguido del número del libro (I-VI) y el número del capítulo donde aparece la cita.]*
Hijos	*Los Hijos de Húrin*. Edición de Christopher Tolkien. Barcelona: Minotauro, 2007.
Cuentos de Hadas	«Sobre los Cuentos de Hadas». En Tolkien, J.R.R., *Cuentos desde el Reino Peligroso*. Barcelona: Ediciones Minotauro, 2009, pp. 257-324.

Nota sobre el texto

En este libro aparecen varios pasajes editados y actualizados de los siguientes artículos de mi autoría: «The Arboreal Foundations of Stewardship in J.R.R. Tolkien's *The Silmarillion*», en *English Studies in Africa*, 60, 2017 (2), pp. 12-22; «Paradox in the Woods: The Twin Destiny of Elves and Men in the Forests of Beleriand», en *Zeitschrift für Anglistik und Amerikanistik* 65 (4), 2017, pp. 377-393; «Nonetheless They Will Have Need of Wood: Aesthetic and Utilitarian Approaches to Trees in *The Silmarillion* and *Unfinished Tales*», en *Zeitschrift für Anglistik und Amerikanistik* 66 (4), 2018, pp. 395-409, y «Waking up the Trees: Reason, Emotion and Recovery in *The Lord of the Rings*», en *Creating through Mind and Emotions* (edición de Mário Ming Kong, Maria do Rosário Monteiro, y Maria João Pereira Neto), London: CRC Press, 2022, pp. 25-31.

Escanea los códigos QR para
escuchar la banda sonora

Tolkien y los árboles

En la literatura de todos los tiempos, los bosques han sido descritos como lugares que se encuentran más allá del dominio humano, en los que los protagonistas se pierden, quedan transformados por la experiencia y, en el mejor de los casos, emergen de ellos con una mejor idea de quiénes son, y de su lugar en el mundo. Como motivo literario, el bosque aparece en todas las épocas y partes del mundo como un trasfondo para la experiencia de crisis y recuperación de la cordura (Bettelheim 94). Existen numerosos ejemplos: ya en la obra literaria más antigua conocida, la sumeria *Epopeya de Gilgamesh* (ca. 2500-2000 a.C.), el bosque queda representado como un espacio más allá de la cultura, al que el héroe debe enfrentarse antes de poder progresar. Virgilio, en la *Eneida* (29-19 a.C.), describe el inframundo como un bosque confuso, y mucho más tarde, en la Europa medieval, Dante arranca su *Divina Comedia* (1320) con la imagen de una selva oscura como símbolo de la crisis existencial que afecta al narrador y protagonista, quien ha perdido el rumbo de su vida. En 1784, uno de los textos fundacionales de la cultura norteamericana, *Las Aventuras del Coronel Daniel Boone*, cuenta cómo el héroe epónimo abandona una civilización incipiente fundamentada en la agricultura para someterse a una serie de pruebas en los bosques salvajes de Kentucky, para poder retornar con una comprensión enriquecida de lo que significa ser americano.

En el *legendarium* de Tolkien, los árboles y los bosques son mucho más prominentes que meramente un trasfondo simbólico para la transformación de los protagonistas. En Arda, los bosques y los árboles individuales quedan retratados como entidades autónomas hasta un punto que va mucho más allá de las representaciones literarias anteriores de ellos.

Tal vez no sea una sorpresa que los árboles ocupen un lugar privilegiado en el dramático despliegue de los relatos de Tolkien. En sus cartas, Tolkien habla en varias ocasiones de su amor particular por los árboles. Un ejemplo frecuentemente citado es su afirmación a efectos de que «estoy enamorado (evidentemente) de las plantas y sobre todo de los árboles, y siempre lo he estado; y su maltrato por parte de los hombres siempre me ha resultado tan difícil de soportar como a otros el maltrato de animales» (*Cartas*, carta 165). En otra carta sostiene que «en todas mis obras asumo la parte de los árboles en contra de todos sus enemigos» (Carta 339). Además, los árboles están presentes en muchos de los dibujos de Tolkien, concebidos como acompañamientos artísticos de sus obras literarias. En *J.R.R. Tolkien: Artist and Illustrator*, el estudio sobre Tolkien como ilustrador, Wayne G. Hammond y Christina Scull concluyen que, aparte de las montañas, el elemento pictórico predominante en el arte de Tolkien son los árboles, «de los que estaba aún más enamorado. Los incorporó no solamente a escenas dramáticas en los bosques […] sino que también en motivos más sosegados y decorativos» (64). Uno de los dibujos que pertenecen a esta última categoría se titula "El Árbol de Amalion", y Hammond y Scull lo relacionan con el único relato abiertamente alegórico de Tolkien, «Hoja, de Niggle» (65), en el que el autor describe sus propios esfuerzos artísticos como la pintura de un árbol en constante crecimiento, con nuevas hojas que no dejan de brotar.

La actitud de Tolkien hacia el mundo natural en general era compleja, a veces acercándose a lo radical. Una parte de la razón por la que *El Señor de los Anillos* fue tan popular entre los universitarios en Estados Unidos en la década de 1960, es que estaba en sintonía con el movimiento contemporáneo de la contracultura, que se rebelaba contra la cosmovisión conservadora de una burguesía ilustrada y cuestionaba, entre otras cosas, el uso indiscriminado de los recursos naturales como una de las piedras angulares de la civilización occidental. Tal y como escribe Liam Campbell, Tolkien expresaba un augurio ecológico mucho antes de que términos como la «ecología» se pusiera de moda. La Gran Guerra no sólo había exacerbado el disgusto que Tolkien sentía por la modernidad tecnológica, reforzando su noción de un paraíso verde preindustrial; también allanó el camino para una contundente rebelión contra las máquinas, que formaba parte del movimiento medioambiental de los 1960. Para Tolkien, los árboles fueron la creación natural que mejor expresaba este tipo de protesta.

A lo largo del *legendarium* de Tolkien, desde los mitos y relatos situados en Valinor, Beleriand y Númenor en las primeras Edades de Arda, hasta la Tierra Media de la Tercera Edad, los árboles constituyen uno de los hilos conductores más destacados que conectan a personajes, relatos y épocas intrahistóricas entre sí. La interpretación de Doris McGonagill de los árboles de Tolkien como metáforas para la memoria cultural, resulta especialmente intrigante en este contexto. Afirma que, «de los paisajes silvanos de Tolkien emana un aura de memoria y pérdida» fundamentado en «un modelo triple que sugiere una unidad original, seguida de una pérdida que, a su vez, trae la esperanza de una futura restauración» (150).

McGonagill no entra en los detalles de la expresión de este patrón, pero es cierto que en las cinco edades distintivas del *legendarium* de Tolkien —las Edades de las Lámparas, las Edades de los Árboles y las Tres Edades que les siguen— podemos percibir un patrón recurrente basado en un ciclo de crecimiento y felicidad, seguido de un progresivo desencantamiento, una crisis destructiva, y, finalmente, el surgimiento de una nueva esperanza. También es cierto que el patrón en cuestión no sólo está presente en los recuerdos expresados por paisajes arbóreos; está consistentemente encarnado por el crecimiento, la destrucción y el renacimiento de árboles, tanto a nivel individual como colectivo. Además, este proceso no se refiere sólo a los Árboles Blancos de Gondor y sus diversos antecesores (que se remontan a Galathilion en Tirion), sino a muchos otros árboles y bosques. De esta manera, tanto los entornos boscosos como los especímenes arbóreos singulares aparecen colectivamente como uno de los elementos más destacados del *legendarium*, y a pesar de sufrir un proceso de disminución constante desde Valinor en adelante, alcanzan su punto álgido como especie al final de la Tercera Edad, como tendremos ocasión de ver.

En este libro, seguiré el hilo conductor arbóreo desde una de las primeras épocas de Arda, las Edades de los Árboles, donde se establecen varios precedentes míticos para el tratamiento de árboles en las Edades siguientes. En la Primera Edad, veremos cómo la paradoja del destino compartido entre Elfos y Hombres en las tierras mortales de Beleriand queda reflejado y enfatizado por bosques y árboles. En la Segunda Edad, los Númenóreanos luchan contra su propio destino como mortales en Númenor y la Tierra Media, y descubren los peligros de desequilibrar la balanza entre un uso legítimo de árboles para crear objetos de belleza y utilidad práctica, por un lado, y una apropiación y explotación desmesuradas de ellos como recursos para proyectos imperialistas, por el otro. En la Tercera Edad, los árboles devuelven el golpe, despertándose a una consciencia de sí y expresando una postura muy moderna, que cuestiona la hegemonía humana en un mundo constituido por muchas especies conscientes diferentes.

En el texto, he limitado el uso de notas de pie a un mínimo, para que no interfieran con lo que espero sea una fluida experiencia de lectura. Sí que invito a los lectores a prestar mucha atención a las sobresalientes fotografías de Thomas Örn Karlsson, un hombre que ha vivido toda su vida en los bosques del Norte, pero que también ha viajado por muchos entornos boscosos de Europa. Sus fotografías no sólo acompañan al texto, sino que le dotan de una mayor profundidad y más sentido, puesto que cuentan su propia historia acerca de las características personales de los árboles de Tolkien en entornos diferentes. Aunque las imágenes provienen de nuestro mundo actual, reflejan la Tierra Media en la medida en que Arda es —como dice el propio Tolkien— nuestro propio mundo, pero en una época histórica imaginada (*Cartas*, carta 211), y prácticamente todas las subespecies de árboles presentes en el *legendarium* son las mismas que encontramos en la Europa moderna.

No quiero terminar esta introducción sin hacer una mención especial a la banda sonora de Anders Nordgren, que refleja el espíritu variado de los árboles y los bosques en la obra de Tolkien, donde cada variedad (y cada espécimen y localización) transmite unas emociones y sabores únicos. Tal y como ocurre con las fotografías de Örn Karlsson, la música de Nordgren es más que un mero trasfondo para el texto, ya que proporciona un paisaje sonoro que complementa y se mezcla con las palabras y las imágenes.

I. Las Edades de los Árboles

_____ El contexto mítico_____

Antes de que comenzaran las Edades de los Árboles, el primer crecimiento de vida orgánica en Arda (que recibe el nombre de la «Primavera de Arda») tuvo lugar en las Edades de las Lámparas. Sin embargo, las Lámparas que proporcionaban luz fueron destruidas por Melkor, y los Valar se replegaron a Valinor para protegerse y volver a empezar.

Este traslado supone el inicio de un nuevo período, conocido como las Edades de los Árboles, que comienza con la creación de los Dos Árboles de Valinor, y pone punto y final al primer ciclo de crecimiento, destrucción y nacimiento de una nueva esperanza, que ya mencionamos en la Introducción. A partir de ahora, estos ciclos serán recurrentes y marcarán el rumbo de los cuatro períodos temporales distintivos del _legendarium_ de Tolkien.

Árboles como catalizadores

de espíritu y materia

Los árboles no aparecen como el elemento natural más importante en Arda, pero su papel como catalizadores de otros componentes del mundo natural y espiritual queda patente ya en los primeros capítulos de _El Silmarillion._

En una descripción de Yavanna, la diosa de la Tierra, el narrador dice que:

Hay quienes la han visto erguida como un árbol bajo el cielo, coronada por el sol; y de todas las ramas se derramaba un rocío dorado sobre la tierra estéril [...] pero las raíces del árbol llegaban a las aguas de Ulmo y los vientos de Manwë hablaban en sus hojas.

(*Silmarillion* 26)

La descripción es importante porque, aunque Yavanna no sea la principal deidad de entre los Valar, es la diosa que *concecta* a los Valar masculinos más importantes—y es el símbolo del árbol lo que expresa, de manera imaginativa, este entrelazamiento.

Desde este punto de vista, la concepción del mundo de Tolkien es sin duda ecológica y arbórea, pero con una importante nota espiritual. Este hecho queda remarcado cuando Yavanna da vida a los Dos Árboles con su canción. Estos Árboles son complementarios, masculino y femenino, y emiten una luz dorada y plateada, respectivamente. El propio Tolkien declara que la luz de los Árboles, «(derivada de la luz antes de que tuviera lugar caída alguna) es *la luz del arte no separado de la razón*, que ve las cosas *a la vez de manera científica (o filosófica) e imaginativa*

(o subcreativa) y "dice que son buenas"… y hermosas» (*Cartas*, carta 131; las cursivas son mías). Puesto que la luz proviene del Dios supremo Eru Ilúvatar, las palabras de Tolkien pueden interpretarse como una declaración de los principios que deben regir un acercamiento ideal a la creación, fundamentado en una combinación de espíritu y materia, arte y ciencia, y expresada a través de los Dos Árboles.

El uso de árboles

Esta doble actitud es más difícil de sostener de lo que pudiera parecer. En una conversación entre los dioses y esposos Yavanna y Aulë emerge una imagen más matizada de la mayordomía ideal del mundo natural en general, y de los árboles en particular. Mientras que Yavanna se ocupa principalmente de las cosas que crecen, se deleita con la cualidades libres, espontáneas, vivas y dinámicas de la creación, y extrae su poder del humus estético, subcreativo y espiritual de Arda, Aulë, su esposo, es la deidad principal de los artesanos y de aquellos que aspiran a comprender y aplicar la materia de la que la Tierra está hecha —tanto la viva como la «inerte»— y está asociado sobre todo a una actitud científica, tecnológica y, hasta un punto, utilitarista hacia el mundo.

La necesidad de combinar los acercamientos respectivos de Yavanna y Aulë hacia el mundo natural queda expresada por primera vez en el diálogo entre ambos acerca de los Enanos, que fueron creados por Aulë debido a su impaciencia[1]. Tras recibir una reprimenda de Ilúvatar por esta acción, Aulë se ofrece para destruir a sus criaturas, pero en lugar de permitírselo, Ilúvatar los sume en un sueño temporal. Sin embargo, sabiendo que un día despertarán y caminarán por la tierra, Yavanna dice:

---

[1] Antes de esta conversación, Ilúvatar ha dicho a Aulë que la creación de los Enanos no está en consonancia con sus intenciones, tal y como Tolkien explica en una de sus cartas: «aunque has inventado una lengua para ellos, sólo pueden comunicarte tu propio pensamiento. Esto es un pobre remedo de mí» (*Cartas*, carta 212). En otras palabras, el don del espíritu de Ilúvatar no estaba presente en la aplicación de materia en la creación de los Enanos; sólo «tecnología».

No obstante, y porque me ocultaste este pensamiento [la creación de los Enanos] hasta que estuvo consumado, tus hijos no sentirán mucho amor por los objetos de mi amor. Amarán primero las cosas que sean obra de sus propias manos, al igual que su padre. Cavarán en la tierra y no estimarán las cosas que crecen y viven sobre la tierra. Muchos árboles sentirán la mordedura del hierro despiadado.

(*Silmarillion* 47)

Yavanna da a entender que el producto de un acercamiento tecnológico al mundo natural, desprovisto de su correspondencia espiritual o estética, creará un desquilibrio —y señala a los árboles, en concreto, como las principales víctimas de esta actitud. A la inversa, una aproximación fundamentada únicamente en apreciaciones espirituales o estéticas de los árboles también es defectuosa y podría resultar incluso desastrosa, ya que los Hijos de Ilúvatar no sólo están imbuidos de espíritu, sino que también son seres encarnados con necesidades biológicas. Por eso, Aulë responde a las preocupaciones de Yavanna, diciendo que Eru dará a los Hijos de Ilúvatar (Elfos y Hombres, así como sus hijos adoptivos, los Enanos) «poder, y utilizarán todo cuanto encuentren en Arda; pero no, según es propósito de Eru, sin respeto o sin gratitud» (*Silmarillion* 47).

Esta idea es coherente con la segunda parte del diálogo entre los dos: una vez que Yavanna ha asegurado una promesa de que, con la llegada de los Hijos, los Ents también se despertarán para proteger a los árboles, dice a Aulë que sus hijos deben andar con cuidado, porque «despertarán la cólera de un poder que habrá en los bosques y correrán peligro». La reacción de Aulë es gráfica: «No obstante, necesitarán madera», dice, «y prosiguió con el trabajo de herrero» (49).

Este debate entre dos importantes deidades, en el que los árboles actúan como metáfora central, no sólo articula la actitud ideal sino que sirve de ejemplo para futuras generaciones de Elfos y Hombres, advirtiéndoles de los peligros de romper el equilibrio entre la postura utilitarista y la estética.

Los árboles, la Caída y la contienda moral

Sin embargo, en las obras de Tolkien, esta postura ideal es delicada y se encuentra constantemente bajo amenaza, y este es el reto que tanto Elfos como Hombres, dotados de libre albedrío, deben aprender a manejar bajo la presión de Melkor y, más tarde, Sauron. A lo largo del *legendarium*, la idea de que el mundo natural (y con él, los seres creados) están permanentemente expuestos a peligros potenciales, se expresa de manera dramática mediante la imagen

de varios tipos de amenazas que acechan en las fronteras de zonas boscosas marcadas por la calma y la seguridad transitorias, ocasionalmente penetrando en ellos. Por mencionar sólo unos pocos ejemplos, en *El Silmarillion* Dorthonion se convierte en Taur-Nu-Fuin, o «Delduwath» («Bosque bajo la sombra nocturna») debido a la maligna influencia de Morgoth; en *Los Hijos de Húrin* el dragón Glaurung merodea en los límites de Dorthonion y Doriath, finalmente atacando Brethil; en *El Hobbit* se nos dice que el Gran Bosque Verde se convirtió en el Bosque Negro debido a la presencia del Nigromante (es decir, Sauron); *El Señor de los Anillos* nos presenta

a Fangorn bajo la amenaza de Saruman, y a Ithilien gradualmente sucumbiendo ante la oscuridad debido a la proximidad de Mordor y las incursiones de los secuaces de Sauron.

Esta tendencia comienza ya en el *Quenta Silmarillion*, donde se nos explica que la gigantesca araña Ungoliant[2] y Melkor llevan a cabo un ataque conjunto a los Dos Árboles en el lugar más sagrado de Valinor, durante una celebración. A través de la destrucción de los Dos Árboles, se hace evidente que Melkor amenaza no sólo a la materia, sino que también al espíritu.

Tal y como dijo Tolkien, no puede haber una historia sin una caída (*Cartas*, carta 131) y en el *legendarium* de Tolkien, la primera caída de los Elfos tiene lugar tras la destrucción de los Dos Árboles. Previamente, Fëanor ya había captado la luz mezclada de los Dos Árboles en tres joyas, los famosos Silmarils, en los que combina la materia y la técnica (las joyas en sí) con la luz puramente espiritual de los Árboles. En definitiva, los Silmarils se convierten en símbolos sagrados de la luz divina que informa a los Hijos de Ilúvatar de la actitud ideal hacia el mundo creado. Cuando los Valar piden a Fëanor que abra las joyas —que ahora constituyen el único vestigio de la luz mezclada en el mundo— para compartir su luz, el elfo se niega a hacerlo y decide quedárselas.

El pecado cardinal de Fëanor, que también es el pecado capital en toda la obra de Tolkien, no es su amor por el arte y la ciencia, sino su *posesividad*, relacionada tanto con un deseo de poder como con una obsesión con sus propias obras. Su decisión de quedarse con la luz mezclada para su propio uso y disfrute constituye su Caída personal, que más tarde queda extrapolada a todos los Noldor que se unen a él en el exilio, y vincula estos artefactos con prácticamente toda la disensión que se narra en *El Silmarillion* a partir de ese momento, afectando tanto a Elfos como a Hombres. Como comenta Liam Campbell en *The Ecologocial Augury in the Works of J.R.R. Tolkien*, «la lucha entre el bien y el mal [...] está indisolublemente relacionada con las maravillas del mundo natural» (69), y, puesto que los Dos Árboles y su luz «encarnan todas las cosas vivas de Arda [...], el mundo natural separado

---

[2] El antro de Ungoliant está situado muy cerca de los Bosques de Oromë (Wynn Fonstad 7), lo cual concuerda con la generalizada proximidad de los bosques a lugares de peligro.

de los Hombres» (Dickerson y Evans 8), la idea de que Arda no sólo sea el trasfondo para la contienda moral sino que también su objetivo, queda reflejada por árboles[3].

En este período, por tanto, los árboles se convierten en metáforas centrales para la disposición moral, e hitos del bien y del mal para los Hijos de Ilúvatar. Sin embargo, los Hijos de Ilúvatar no son una única raza, sino que están compuestos de Elfos y Hombres; seres inmortales y mortales, respectivamente. Ellos también están vinculados a los Dos Árboles de maneras diferentes pero complementarias, y en los Tres Grandes Cuentos, situados en la Primera Edad, Tolkien coloca la interacción entre ambas razas, y el bien y el mal derivados de ella, en una relación directa con los árboles y los bosques de Beleriand.

---

[3] Para la conexión entre los Dos Árboles y el Árbol del Conocimiento del Bien y el Mal, véase Dickerson (502).

II. La Primera Edad

_____ La selva oscura y los claros_____

La paradoja del bosque

En los cuentos situados en la Primera Edad, los bosques son usados consistentemente para reflejar el paradójico destino compartido de Elfos y Hombres —uno de los ejes de la mitología de Tolkien, por lo demás muy ramificada y diversa—[4] en sus viajes a través de Beleriand.

Los bosques siempre han sido usados como un tropo para la expresión de paradojas en la cultura occidental, tal y como señala Harrison en su libro *Forests: The Shadow of Civilization*. «Si en nuestra religión los bosques aparecen como lugares para la profanación», escribe Harrison en su prefacio:

> También figuran como espacios sagrados. Si típicamente han sido considerados como espacios fuera de la ley, también han ofrecido refugio a quienes han luchado por la justicia y contra la corrupción de la ley. Si evocan en nuestra mente ideas de peligro y abandono, también nos evocan escenas de encantamiento. En otras palabras, en las religiones, mitologías y literaturas del Occidente, el bosque aparece como un lugar donde se pierde la lógica de la distinción. (x)

_____

[4] De hecho, el patrón se repite a través del auge y la caída de Númenor en la Segunda Edad, hasta el final de la Tercera Edad, tal y como queda evidenciado en *La caída de Númenor*, *El Hobbit* y *El Señor de los Anillos*. Incluso vemos ecos de esta premisa en el último relato de Tolkien, *El Herrero de Wootton Major*, publicado tan tarde como 1967.

Los Tres Grandes Cuentos —«Beren y Lúthien», «Los hijos de Húrin» y «La caída de Gondolin»— versan sobre el destino conjunto de Elfos y Hombres en la Primera Edad, y transcurren en Beleriand, una región sombría donde, debido a la influencia de Melkor, «los bosques oscuros y adormilados eran frecuentados por monstruos y formas espantosas» (*Silmarillion* 50). Esto podría ser potencialmente válido también para el resto de la Tierra Media. En palabras de Shippey, «la Tierra Media es el mundo de la mortalidad. La maraña de árboles es también un horror» (202).

Sin embargo, hay mucho más en la representación de los árboles de Tolkien en estos cuentos que meramente horror. Sin duda, la Tierra Media es un «mundo mortal», pero como tal está también marcado por la belleza y la esperanza, y los entornos boscosos reflejan y aumentan la paradójica combinación. «Los Elfos ven la Tierra Media como *galadhremmin ennorath*, "la Tierra Media de árboles enmarañados"», dice Shippey, pero también «como un paraíso, cuya pérdida ni la inmortalidad puede compensar» (248). Shippey concluye que los árboles y los bosques son parte de:

> Un conjunto de imágenes que representan un punto de vista del mundo [...] Las estrellas ofrecen una promesa [...] de un mundo en algún otro lugar; los árboles representan tanto este mundo como una barrera para la luz de las estrellas, algo que los mortales tratan de discernir a través de las ramas de los árboles para obtener una visión de lo que, de otro modo, sería más claro. (202)

A partir de estas palabras se infieren tanto una paradoja como una dirección: la vida entre los árboles de la Tierra Media puede ser una estadía confusa, pero al final los Elfos e incluso los Hombres saldrán de la oscuridad, y se dirigirán hacia la luz.

Shippey tiene razón cuando enfatiza la importancia de la luz y la oscuridad en relación a los árboles de la Tierra Media, porque los tres elementos a menudo están entrelazados. De hecho, los árboles están muy vinculados al destino compartido de Elfos y Hombres: por un lado, la luz de los Dos Árboles, que tanto los Elfos como los mortales aspiran a ver, y, por el otro, la oscuridad moral y literal que se cierne sobre el mundo con la decisión de Fëanor de quedarse los Silmarils.

Árboles y Elfos

La relación de los Elfos con los Dos Árboles estaba vinculada tanto a la luz como a la oscuridad incluso antes de la fatídica decisión de Fëanor de quedarse la luz mezclada de los Silmarils para sí. Nacieron junto al lago Cuiviénen, iluminado por las estrellas, en un mundo sin luz solar. Mandos dice que «se ha proclamado [...] que los Primeros Nacidos llegarán en la oscuridad y primero contemplarán las estrellas» (*Silmarillion* 51)[5].

Otra conexión temprana importante entre los Elfos y los Dos Árboles se establece cuando Ingwë, Finwë y Elwë (Thingol) llegan a Valinor como embajadores de sus respectivos pueblos (los Vanyar, los Noldor y los Teleri), y «tuvieron grandes deseos de la luz y el esplendor de los Árboles» (*Silmarillion* 56). Cuando son enviados de vuelta a Beleriand con el fin de guiar a sus pueblos a Valinor, los Vanyar y los Noldor son los primeros dos grupos que cumplen con su cometido, y Yavanna crea un Árbol Blanco llamado Galathilion, una imagen inferior de Telperion para el disfrute de estos elfos (65).

El último grupo de Elfos, los Teleri, queda partido en dos, con una parte que permanece en Beleriand y otra que viaja por mar para asentarse en la isla de Tol Eressëa, en la misma costa de Valinor (donde se planta Celeborn, otro Árbol Blanco descendiente de Galathilion, para ellos). El líder de los Teleri, Thingol, es uno de los rezagados. Cuando regresa a Beleriand para llevar a su pueblo a Valinor, en lugar de marchar directamente hacia el Oeste, se demora y desaparece durante largas edades en el bosque de Nan Elmoth. Ya que su gente no es capaz de encontrarlo, se hace llamar «El Pueblo Abandonado» y permanece «en los bosques y las colinas de Beleriand» (*Silmarillion* 64).

Se dice que los Sindar —otro nombre para los Teleri que decidieron permanecer en Beleriand en lugar de navegar hasta Valinor— tenían un lazo especial con Ulmo, el Señor de las Aguas (lo cual se muestra mediante la destacada labor de Círdan, el Carpintero de Barcos, y también a través de los Nandor, otro grupo de los Teleri que se estableció en Ossiriand, con su profusión de ríos), pero los árboles

---

[5] Estas estrellas han sido creadas por Varda a partir del rocío de las tinas bajo Telperion, el Árbol Blanco (*Silmarillion* 51).

y los bosques parecen incluso más importantes para ellos. A fin de cuentas, Thingol se queda encantado por la Maia Melian en un bosque; juntos deciden fundar el reino boscoso de Doriath, y más tarde, otros elfos de los Sindar, como Celeborn y Oropher, se establecen en los bosques de Lothlórien y el Gran Bosque Verde, respectivamente.

Los Árboles y los Hombres

Los Hombres son similares a los Sindar desde algunos puntos de vista[6], pero quedan retratados como una especie muy inferior a los Elfos. Para empezar, a diferencia de cualquier Elfo son mortales, y no albergan ninguna esperanza de llegar nunca a Valinor. En el mejor de los casos, tienen una relación oblicua con la luz original: se despiertan con la llegada del Sol, hecho a partir de una flor de Laurelin, uno de

---

[6] Entre otras cosas, ni los Hombres ni los Sindar (a excepción de Thingol) han visto la luz de los Dos Árboles, razón por la cual los Sindar también son conocidos como «Elfos Grises».

los Dos Árboles, pero, tal y como dice Tolkien en una de sus cartas, se trata de una luz «mancillada» (*Cartas*, carta 131), derivada de los Árboles después de ser profanados por Melkor y Ungoliant.

Los Elfos y los Hombres, por tanto, están relacionados con los Dos Árboles de manera complementaria. La luz original (inmortal) está vinculada a los Elfos, quienes prefieren la luz de las estrellas, mientras que la luz mortal derivada está más relacionada con los Hombres, quienes dependen de la luz del Sol para orientarse. Esta es una de las premisas de la paradoja del bosque que dará expresión a su destino conjunto en los Tres Grandes Cuentos, situados en la Primera Edad.

Novicios en los bosques

Esta relación paradójica también queda remarcada por los primeros encuentros etre elfos y hombres en Beleriand. El primer elfo en entablar relación con los hombres es Finrod Felagund. Bëor, el líder de un grupo de hombres que ha llegado del Este, le dice a Finrod que «al Oeste se han vuelto nuestros corazones, y creemos que allí encontraremos la luz» (*Silmarillion*, 166). Sin embargo, los Elfos Verdes de Ossiriand dicen a Finrod a propósito de estos hombres que «son taladores de árboles y cazadores de bestias; por tanto, no somos amigos» (167), lo cual sugiere que los primeros hombres en llegar a Beleriand aún no han sido suficientemente educados ni iluminados con respecto a una apreciación adecuada por la creación en general (con una referencia específica a los árboles), por lo que todavía no están preparados para una relación significativa con los Elfos.

Esto concuerda con la afirmación de Flieger a efectos de que «merece la pena señalar que el sol y la luna son fruto y flor [de los Dos Árboles], lo cual sugiere un proceso de maduración y desarrollo en la naturaleza de los Hombres, para los que son la única fuente de luz externa» (*Splintered* 121). Naturalmente, la «maduración» de los Hombres está directamente relacionada con su interacción formativa con los Elfos. A la luz de esto, conviene recordar que Beren, el primer hombre en casarse con una doncella élfica, inició su proceso de aprendizaje incluso antes de encontrarse con Lúthien: Beren ya había adquirido la apreciación por (y comprensión de) los Elfos gracias a

Barahir, su padre[7], y también había aprendido a permanecer invisible en los bosques de Dorthonion, y a respetar los animales que vivían allí (*Silmarillion* 192). A juzgar por las palabras de los Elfos Verdes citadas arriba, ambas cosas serían signos de madurez desde un punto de vista élfico, lo cual sugiere que Beren estaba preparado para conocer a Lúthien y establecer el primer destino conjunto.

Beren y Lúthien

En el cuento de Beren y Lúthien, las entradas y salidas de bosques son intermitentes y lo suficientemente insistentes como para considerarse repetitivas, pero el movimiento general es uno que comienza en la oscuridad y termina en la luz.

Muerte y deshumanización

El énfasis en la primera parte del cuento recae sobre los bosques y los árboles como presagios de la muerte, la oscuridad y el horror. Esto se muestra de manera clara en el sueño de Beren, donde tiene una visión de un árbol seco con aves carroñeras posándose en las ramas, con picos que gotean sangre (*Silmarillion* 196). Cuando Beren despierta de su sueño, regresa rápidamente al campamento, donde encuentra a su padre y a los otros proscritos muertos bajo un aliso, siendo devorados por aves carroñeras[8].

Tras perder a su padre y a sus amigos, Beren vive como un proscrito solitario durante cuatro años en Dorthonion, donde recibe ayuda de animales, pero no es una vida feliz —sobre todo porque Sauron, en un eco de los esfuerzos de Melkor por arruinar la Primavera de Arda, corrompe los bosques y los llena «de mal» (*Silmarillion* 193). Tratando de escapar, Beren se dirige al reino boscoso de Doriath; cuando llega al bosque de Neldoreth, ve a Lúthien y se queda prendado. Sin embargo,

---

[7] Barahir fue un gran amigo del elfo Finrod Felagund.

[8] Los alisos guardan una relación con el dios-gigante Bran de la mitología celta, quien también está asociado a cuervos (un ave carroñera) y profecías. La historia completa de Bran se narra en «Branwen, Hija de Llyr,» en el *Mabinogion*.

Lúthien —a quien se le describe como luz sobre hojas de árboles[9]— sale corriendo, privando a Beren de su alegría. En consecuencia, el encuentro con Lúthien, una vez que Beren ha emergido de un bosque lleno de horror y entrado en otro lleno de luz y belleza, se presenta como una experiencia refrescante y sanadora. Sin embargo, la alegría es efímera: cuando Lúthien desaparece, Beren queda reducido a una criatura desesperada, infrahumana, que «durante mucho tiempo erró por los bosques, impetuoso y precavido como una bestia, buscándola» (194). Beren también pierde su capacidad de hablar, lo cual es otro efecto de este proceso de deshumanización.

---

[9] Se trata de una metáfora de esperanza, belleza y alegría, recurrente en la obra de Tolkien; veremos más ejemplos de esta imagen en el cuento sobre los infortunios de Túrin.

Renovación de vida

Al igual que sucede con los Silmarils, los bosques de Beleriand son capaces de producir alegría o desesperanza, y quedar asociados tanto con lo noble como con lo bajo, en función de la acción. Cuando Lúthien vuelve a cantar, «desató las ataduras del invierno, y las aguas congeladas hablaron, y las flores brotaron desde la tierra fría por la que ella había pasado» (*Silmarillion* 194). Gracias a Lúthien la vida vuelve a nacer, y hay una generalizada renovación de la belleza, la comunión e incluso de la comunicación: Beren queda ahora liberado de su mudez, y cuando la llama, «los bosques devolvieron el eco» de su nombre (198). Aquí, Neldoreth queda retratado como algo más que meramente receptivo; de hecho, aumenta el estado de ánimo del observador, haciendo brotar flores y apropiándose de la figura de Lúthien a través del eco.

En este momento concreto de la historia, el bosque ofrece intimidad y protección, y el énfasis recae sobre la renovación, simbólicamente representada por la estación, mientras Beren y Lúthien «se paseaban secretamente por los bosques desde la primavera hasta el verano» (*Silmarillion* 195). No obstante, la escena también supone un punto de inflexión para Lúthien, ya que es el momento cuando se encuentra con su «destino», que es el de tener que elegir entre la muerte y la inmortalidad. Con esta elección de palabra —y con las advertencias formuladas por Melian más tarde, a efectos de que hay un destino poderoso asociado a la llegada de Beren (196)— se consolida la idea de un destino conjunto dramático.

Muerte y vida mezcladas

Eso sí, la oscuridad y la muerte nunca andan lejos. Se presenta un atisbo de futuros desastres cuando Thingol, el padre de Lúthien, se entera de la relación: al exigir nada menos que un Silmaril a cambio de la mano de su hija, «forjó el destino de Doriath y quedó atrapado en la Maldición de Mandos» (*Silmarillion* 197). Los bosques reflejan inmediatamente este nuevo elemento de adversidad: debido a la decisión de Thingol de enviar a Beren a una muerte más que segura, Lúthien deja de cantar y «un silencio profundo se hizo en los bosques» (198). La paradoja queda aún más evidenciada cuando Lúthien es confinada a una casa en lo alto de la gran haya Hírilorn, con el fin de prevenir que se escape: los árboles, que antes ofrecían un refugio para los amantes, ahora se han convertido en una prisión literal. No obstante, Lúthien consigue escapar y viaja a través de los bosques en busca de Beren, y una vez más, el bosque refleja el ambiente: los ruiseñores empizan a cantar desde los árboles en respuesta a la canción de Lúthien (209).

Una vez libre y en la senda correcta, Lúthien conoce a Huan, el Perro de Valinor, quien le ayuda a derrotar a Sauron. Herido, Sauron asume la forma de un vampiro y huye, «goteando sangre del cuello sobre los árboles, y fue a Taur-nu-Fuin, y vivió allí, llenando el sitio de horror» (*Silmarillion* 207). El mal se hace visible aquí mediante el acto de contaminar y pervertir a los árboles y los bosques; al igual que Melkor previamente corrompió los bosques de Beleriand, Sauron, incluso en la derrota, sigue mancillando el «bosque bajo la sombra de la noche».

La reiterativa insistencia en las experiencias paradójicas de los protagonistas bajo los árboles, donde se mezcla la vida y la muerte, acaba apuntando hacia las fuerzas positivas del destino. Una y otra vez, la vida de Beren corre peligro en los bosques, pero cada vez es rescatado por fuerzas externas: los animales en Dorthonion, el destino que le permite atravesar las laberínticas lindes del reino boscoso de Doriath; Huan y Lúthien que lo ayudan tras su grave herida, y las águilas que devuelven a la pareja al lugar donde se habían visto la última vez. Debido a todos estos ejemplos de Deus ex machina, los bosques quedan representados como lugares de potenciales peligros, lo cual concuerda con las conclusiones de Shippey en torno a los árboles y las estrellas, pero al final se convierten en un lugar marcado por la alegría, la esperanza, el amor, la sanación y la protección —todo ello vinculado al destino de Beren, aparentemente en consonancia con la voluntad de Ilúvatar.

Una escena emblemática que capta este movimiento desde la paradoja hacia la luz ocurre al final de la historia, cuando Carcharoth y Huan se atacan bajo los árboles (*Silmarillion* 219). El bien y el mal se mezcla simultáneamente en los bosques, pero el mal queda derrotado y gracias al Silmaril, extraído del cadáver de Carcharoth, «las sombras del bosque [retrocedieron] con la luz» (220).

El problema de los bosques

Naturalmente, el destino de Beren es casarse con Lúthien y formar la primera unión entre Hombres y Elfos, que, en un nivel simbólico, proporciona una posibilidad de mezclar la luz de los Dos Árboles y actuar como ejemplos de la actitud ideal hacia la vida en Arda.

Sin embargo, esto no es el reino bendecido de Valinor sino Beleriand, un mundo mortal y caído, y a pesar de la insistente maquinaria de *Deus ex machina* y al final feliz, la cualidad mancillada de los bosques en esta región es muy evidente. Los bosques de Beleriand no son el lugar ideal, ni siquiera cuando muestran su lado más benevolente. Esta, tal vez, sea la razón por la que Beren tiene la impresión de que resulta «inadecuado que alguien de tan real linaje y tan hermosa como Lúthien viviera siempre en los bosques, como los rudos cazadores entre los Hombres, sin casa, ni honor, ni las cosas bellas que deleitan a las reinas de los Eldalië» (*Silmarillion* 216).

La implicación es que los bosques y los árboles son propensos a la corrupción, y el lugar idóneo está en otro sitio, bajo un cielo abierto donde la luz de Ilúvatar no puede ni ocultarse ni ser atesorada privadamente.

Los vagabundeos de Túrin

Al igual que en el cuento de Beren y Lúthien, en la historia de Túrin Turambar los bosques reflejan las relaciones entre Hombres y Elfos. Sin embargo, en el cuento de Túrin la esperanza se convierte en desesperanza, la luz en oscuridad, la protección en exposición, la razón en locura, un sentido de comunidad y legitimidad en soledad y anarquía, el amor en odio y la dicha en condena. Esto se puede interpretar como una consecuencia de la incapacidad del obstinado Túrin de interactuar provechosamente con los Elfos, y las descripciones de los bosques muestran este proceso de declive.

Túrin en Doriath

Ya en los comienzos de la historia, se nos presenta un atisbo de lo que espera. La llegada de Túrin al reino boscoso de Doriath tras haberse marchado de un entorno doméstico amenazado, proporciona un eco del episodio correspondiente en el cuento de Beren y Lúthien. Sin embargo, a diferencia de lo que ocurre con Beren, Túrin se desorienta y se pierde «en los laberintos de la reina, y erró perdido entre árboles» (*Hijos* 66). Cuando finalmente se le admite, al principio parece que Túrin ha llegado a un refugio: se le protege y educa, y desde temprana edad la elfa Nellas, íntimamente vinculada al bosque (de hecho, incluso vive en los árboles), lo vigila y le ofrece instrucción (71). Aun así, Túrin no le presta mucha atención y acaba olvidándola.

El segundo destino conjunto que tiene lugar en Doriath está relacionado con otro mentor y amigo que vive entre los árboles, Beleg Arcofirme, con quien Túrin empieza a explorar los bosques. Beleg, quien sabe más sobre la caza y la vida bajo los árboles que cualquier otro elfo, le proporciona muchos conocimientos arbóreos; los dos se convierten en grandes amigos y «juntos [recorrieron] todo lo largo y lo ancho de los bosques salvajes» (*Hijos* 75). Al igual que en el cuento de Beren y Lúthien, la idea de caminar juntos en los bosques es señal de una unión íntima, ya sea de amistad, parentesco o amor romántico, y los dos primeros destinos conjuntos en el cuento de Túrin están relacionados con esta idea —incluso se dice, explícitamente, que Túrin tiene «un deseo de amistad en los bosques» (87).

Hasta este punto en la historia, parece que las cosas le van bien a Túrin, pero cuando el orgulloso elfo Saeros comienza a burlarse de su parentesco —dando a entender que los Hombres valen menos que los Elfos, hablando de las mujeres de Dor-lómin como «ciervas vestidas sólo con sus cabellos», acusando a Túrin de ser un «salvaje de los bosques» (*Hijos* 77) e incluso atacándolo en el bosque— Túrin se ve superado por la ira y persigue a Saeros hasta la muerte, obligándolo a correr desnudo entre los árboles en una inversión explícita de la ofensa de éste, que, irónicamente, anticipa el destino conjunto de ambas razas en este cuento.

Comportamientos asilvestrados en los bosques

A partir de aquí, la imagen de los bosques como un lugar donde la gente tiende a volverse asilvestrada y correr como animales alocados, se convierte en un reflejo recurrente de este desfavorable destino. Por ejemplo, cuando Túrin se une a los forajidos, nos enteramos de que unos «hombres-lobo» locos se han visto obligados a trasladarse a los bosques debido a su desesperación. En otra ocasión, Túrin salva a una mujer desesperada que trata de huir de un forajido a través de una espesura de avellanos, con «la ropa desgarrada por los espinos» (*Hijos* 91). Hay más ejemplos: cuando Beleg encuentra el elfo Gwindor en el bosque de Taur-nu-Fuin, está mutilado, irreconocible y desesperado (134); Nienor, la hermana de Túrin y víctima del hechizo malévolo lanzado por el dragón Glaurung, se comporta «como un ciervo» (184) corriendo «enloquecida por las tierras salvajes» (185); «desnuda [...] como una bestia perseguida» (187). Cuando Túrin oye hablar del suicidio de Nienor, él mismo «caminó por los bosques salvajes como quien ha perdido el juicio» (221), y al final él también se suicida.

Por encima de todo, el lado oscuro del destino conjunto en este cuento queda reflejado y reforzado por el desarrollo del destino compartido de Túrin y Beleg. Cuando Beleg parte de Doriath en busca de Túrin y finalmente llega a Amon Rhûd, Túrin no está presente y los forajidos atan rápidamente al elfo a un árbol, y lo torturan. Túrin regresa y lo desata, pero Beleg tiene la sensación de que Túrin no entiende, o no quiere entender, la naturaleza de los Elfos; dice que «los Elfos y los Hombres no deberían conocerse ni mezclarse» (*Hijos* 103). Sus palabras acerca de los riesgos del

destino conjunto son premonitorias, tal y como demuestran los aconte-cimientos posteriores: en un irónico giro del destino, cuando el propio Túrin ha sido capturado por orcos, le toca a él verse atado a un árbol y torturado, y en esta ocasión es Beleg quien lo libera. Sin embargo, Túrin no lo reconoce y lo mata con la espada Anglachel[10] en «una maleza de espinos» (135)[11] dejando el cadáver en la oscuridad del bosque.

Los bosques receptivos

Por tanto, a lo largo del cuento, el énfasis recae sobre los bosques como un lugar donde los Hombres corren el riesgo de revertir a toda clase de comportamientos bárbaros e infrahumanos (es lo que da a entender Saeros cuando habla de las mujeres de Dór-lomin como «cier-vas, vestidas sólo con sus cabellos,» o de Túrin como un «salvaje de los bosques»), pero también queda representado como un enorno en el que los Hombres victimizan a los Elfos. Es más, los árboles y los bosques son muy receptivos a estos malhadados destinos conjuntos. Se nos muestran atisbos ocasionales de esperanza —el bosque actúa como un espacio protector y un entorno posible para el amor y la amistad en Doriath, y como un símbolo de esperanza cuando Túrin se despierta tras su colapso físico y mental, viendo cómo la luz cae sobre los bro-

---

[10] Esta espada, que finalmente también quitará la vida de Túrin, es, hasta cierto punto, una encarnación del lado oscuro de Nan Elmoth, donde Thingol y Melian se conocie-ron por primera vez. La espada fue forjada por Eöl, el siniestro elfo oscuro, quien se la dio a Thingol a cambio de un permiso para vivir en este bosque. La naturaleza para-dójica de Nan Elmoth se refuerza con otro destino conjunto entre Elfos y Hombres a través de Maeglin, el hijo de Eöl, quien intenta ganarse el afecto de Idril de Gondolin, pero, al ver que Idril se enamora de Tuor (el primo de Túrin), enloquece por los celos y entrega Gondolin a Melkor. De este modo, los bosques están presentes como escenario tanto en la fase inicial como en la final del destino conjunto, cuando la caída de Gondo-lin obliga a Tuor e Idril a escapar de la oscuridad hacia las luminosas tierras boscosas de Nan-tathren, tal y como veremos cuando lleguemos a las aventuras de Tuor.

[11] Esta naturaleza salvaje y descontrolada de los Hombres se refleja a menudo mediante bosques enmarañados, espinas, ramas bajas y matorrales, que obstruyen de manera simbó-lica y literal una visión de las estrellas y de la luz que, de otro modo, estaría despejada. Esta característica de los bosques quedará progresivamente redimida en los relatos sobre Tuor.

tes, lo cual le inspira a empezar de nuevo (*Hijos* 170)[12]— pero normalmente expresan lo contrario: la muerte, la violencia y la desesperación. Cuando, al final de la historia, Túrin llega a las Cascadas de Dimrost y se da cuenta de que Nienor está muerta, los árboles que rodean el río responden simbólicamente: «las hojas secas caían tristemente, como si el invierno hubiera llegado en los primeros días de verano» (223).

Estas reacciones de los árboles ejemplifican uno de los temas centrales de este cuento: la desesperanza que convierte a los Hombres en algo menos que humanos, haciendo que no vean las relaciones potencialmente fructíferas con Elfos (que les habrían podido proporcionar una iluminación interior) e instándoles a ceder ante una oscuridad prematura.

---

[12] Es también un árbol lo que facilita que Túrin recupere su punto de apoyo, ayudándole a matar a Glaurung (*Silmarillion* 208), y el relato termina de un modo sutilmente optimista en relación a los árboles, cuando Mablung y sus hombres «recogieron leña, la apilaron e hicieron un gran fuego en el que quemaron el cuerpo del Dragón» (224), purificando con fuego de leña el lugar de la maligna influencia de Morgoth.

Tuor, Voronwë e Idril

En «De Tuor y su llegada a Gondolin» (publicado por primera vez en los *Cuentos inconclusos,* pero precediendo a la previamente publicada «Caída de Gondolin» en la cronología intrahistórica de Arda), el héroe central se encuentra con el elfo Voronwë, se hace gran amigo de él y ambos establecen un destino conjunto que, hasta un punto, se parece bastante a la íntima amistad entre Túrin y Beleg, pero sin el resultado trágico de dicha relación.

Peligro entre los árboles

Los comienzos, eso sí, no son prometedores. Dejando la costa donde Ulmo ha comunicado a Tuor cuál es su destino, hombre y elfo atraviesan grandes extensiones boscosas en su camino a Gondolin, y las descripciones de bosques y árboles empiezan donde hemos dejado a Túrin, centrándose en la ruina, la desolación, la desesperación, la corrupción y el peligro. Junto al estanque de Ivrin, por ejemplo, «los árboles estaban quemados y arrancados de raíz […] Todo ahora era un cenagal de lodo congelado, y un hedor de corrupción cubría el suelo como una niebla inmunda» (*Inconclusos* 54). Los árboles destrozados, el agua viciada y olores desagradables, nieblas que impiden a uno ver con claridad —todos estos elementos tienen precedentes en los estragos causados por Melkor en la época de la Primavera de Arda, y en la contaminación posterior de Dorthonion por parte de Sauron. Esta vez, el dragón Glaurung, enviado por Melkor, ha dejado su impronta sobre la tierra, y la única actividad humana que Tuor y Voronwë encuentran

en el camino son los gritos desesperados de Túrin, buscando a Finduilas, «hasta que la voz se perdió en los bosques» (55).

Este breve encuentro —que no llega a ser un encuentro, sino meramente el sonido de una voz— es una encrucijada que no sólo marca el comienzo de la caída final de Túrin (Flieger, *Splintered Light* 129) sino que también la progresiva emergencia de Tuor: mientras que el solitario y obstinado Túrin se adentra cada vez más en la selva oscura rumbo a su muerte (simbolizada por la voz que va desvaneciéndose), el firme Tuor, ayudado por un elfo, está saliendo de ella.

Al igual que en los cuentos precedentes, estos bosques, por mucho que la influencia de Melkor y el dragón los hayan devastado y envenenado, también están marcados por la paradoja. Por un lado, ofrecen protección a Tuor y a Voronwë, permitiéndoles escapar de los orcos mientras se agazapan en «una espesura de tojos y arándanos, entre nudos de serbales y abedules enanos» (*Inconclusos* 58). Por otro lado, al igual que en el cuento de Túrin, los bosques enmarañados —los árboles bajos, con sus ramas que rasgan la ropa y ocultan la luz— están asociados al peligro, a la desesperación, y a un proceso de deshumanización.

Las descripciones del camino que atraviesa las zonas boscosas cerca de Brethil y Doriath, y que ahora se ha tornado peligroso, se centra en lo salvaje y espinoso: «desde hace ya mucho se ha confundido con los matorrales», dice Voronwë, «y no es más que una huella cubierta de malezas y espinos» (*Inconclusos* 59). La imagen del camino que va desapareciendo hasta convertirse en una pista apenas visible, amenazada por las ramas que se asoman sobre ella, es un símbolo inquietante de la caída de la civilización, y la consiguiente falta de dirección y orientación. Más tarde, en el mismo umbral de las Montañas Circundantes en torno a Gondolin, hay «una enmarañada maleza de espinos [que] crecían espesos a ambos lados del lecho, y las ramas entrelazadas formaban una densa techumbre, de modo que Tuor y Voronwë a menudo tenían que arrastrarse como bestias que vuelven furtivas a su guarida subterránea» (62).

En resumidas cuentas, estos bosques son paradójicos en la medida en que se ciernen sobre los viajeros, les impiden ver claramente y los deshumaniza, pero al mismo tiempo protegen a los héroes del peligro.

Saliendo de los bosques

Tal y como sucedía con la estancia de Túrin en Amon Rhûd, la estadía de Tuor en Gondolin termina con la oscuridad y la destrucción, pero, a diferencia de Túrin, quien emerge de las cuevas de Amon Rhûd sólo para encontrarse con la muerte, el desastre y un destino conjunto abortado en el bosque de Taur-nu-Fuin, Tuor se dirige a través de unos túneles de Gondolin hacia las glorias de Nan-tathren y la consumación de su propio destino conjunto. En «De Tuor y la Caída de Gondolin», tal y como queda publicado en *El Silmarillion*, se cuenta cómo Tuor se casa con la doncella élfica Idril, cómo el celoso Maeglin vende Gondolin a Melkor, y cómo Idril, Tuor y su hijo Eärendil se escapan con otros elfos a través de un túnel secreto para finalmente llegar a la costa.

A diferencia de los cuentos anteriores, las historias acerca de las aventuras de Tuor en los bosques sirven en primer lugar para subrayar el deseo del héroe de dejar atrás la espesura y la penumbra entre los árboles, para buscar y buscar el mar y el cielo abierto. Aquí, los bosques y los árboles actúan sobre todo como un preludio o incluso una puerta de entrada que da acceso a algo más grande en el Oeste, el reino de lo ostensiblemente eterno, donde la luz de Ilúvatar volverá a brillar para proporcionar orientación.

Esta vez, la presencia del agua otorga a la paradoja un sentido claro: previamente Ulmo ya había emergido del mar para hablarle a Tuor de su destino, y el río Sirion lo había guiado hacia Gondolin, y ahora la estación final de los refugiados es Nan-tathren, la Tierra de los Sauces, que parece simbólicamente bendecida por los Valar que le dotan de sus respectivos elementos (en su forma más benigna), como el agua (Ulmo), los vientos (Manwë), y los árboles (Yavanna). Las tierras de Nan-Tathren, salpicadas de árboles, es el epítome de los aspectos positivos de los árboles, como la esperanza, la renovación, la vida, la belleza, el amor y la curación, que previamemte se habían entremezclado con sus correspondencias opuestas en los cuentos acerca de los destinos conjuntos de Elfos y Hombres.

Tuor e Idril han emergido de las tinieblas enmarañadas, y Nan-tathren no es más que una parada bendecida en su camino hacia el mar y el cielo abiertos. Este destino conjunto proporciona los fundamentos finales para una renovación de la luz mezclada de los Dos Árboles —la luz de Ilúvatar que guía a sus Hijos— ya que es a través de Eärendil, el hijo de

Tuor e Idril, cómo esta luz volverá a ser accesible para ambas razas. En consecuencia, la paradoja expresada en las descripciones previas de los entornos boscosos está enteramente ausente en Nan-tathren.

Los Dos Árboles y la Estrella

Cuando Tuor e Idril se embarcan en un viaje por mar en busca del Oeste, y nunca regresan, su hijo Eärendil, ahora casado con la doncella élfica Elwing, permanece en la costa. Con el carpintero de barcos Círdan, Eärendil construye Vingilot, la Flor de espuma, con madera blanca de abedules de Nimbrethil. Simbólicamente, esta construcción de madera combina los colores de los Dos Árboles (y del Sol y la Luna derivados de ellos): los remos son dorados, mientras que las velas son de plata de luna (*Silmarillion* 293). También, como en Nan-tathren, los elementos de los Valar más prominentes se juntan en esta nave: madera

(Yavanna), agua (Ulmo), vientos (Manwë) y luz (Manwë y Varda), todo ello combinado mediante la artesanía (Aulë).

La nave, y el viaje que Eärendil y Elwing realizan, simbolizan la fase final de la unión entre Elfos y Hombres, ya que llevan el único Silmaril que queda a Valinor para pedir la salvación de Hombres y Elfos, y llevan la joya al cielo después de que los Valar la hayan bendecido. A partir de aquí, la Estrella del Alba y la Vespertina (el Silmaril, que contiene la luz mezclada de los Dos Árboles en la nave de Eärendil que viaja por el cielo) se convierte en un símbolo de esparanza para ambas razas —una luz redentora que ha sido sacada de la oscuridad.

Esperanza tras la Tristeza

En última instancia es evidente que, detrás de los «Tres Grandes Cuentos» sobre Elfos y Hombres, se asoman los Dos Árboles, que arrojan una luz indirecta a través de su luz mezclada atrapada por Fëanor en los Silmarils. Los Silmarils, llevados a Beleriand por Melkor, muestran una luz ideal, pero en un mundo caído, marcado por el libre albedrío, su belleza y poder resultan peligrosos incluso para las personas con buenas intenciones. Se les puede esconder y atesorar, lo cual, generalmente, lleva a la tragedia (tal y como muestran los ejemplos de Fëanor y Thingol), o se les puede mostrar y compartir, lo cual trae alegría y esperanza, como se aprecia en los cuentos de Beren y Tuor. Esta paradoja está expresada por los protagonistas de los diferentes destinos conjuntos, y queda reflejada y aumentada por los bosques y los árboles, que representan tanto los peligros como las promesas de la vida en un mundo caído.

Ya con la llegada de Beren, que precede la de Tuor, Melian percibe que un destino muy poderoso opera sobre él, y da a entender que su unión con Lúthien está predestinada. Por tanto, se ve como la voluntad de Ilúvatar que Elfos y Hombres se unan, y (dado el final del conjunto de los cuentos), que deben realizar un esfuerzo conjunto para atravesar los oscuros y confusos bosques y llegar a la iluminación. Los Elfos de la Tierra Media pueden ser redimidos a través de sus asociaciones con Hombres, pero dependen de si estos Hombres deciden o no aceptar activamente esta interacción para tratar de reconciliar sus diferencias a pesar de las aparentes paradojas. En este contexto, los árboles y los bosques no quedan representados como trampas inherentemente negativas que impiden a los Hombres y los Elfos ver con claridad; más bien figuran como entidades vulnerables que reflejan los problemas de ambas razas en la Tierra Media. Al igual que Hombres y Elfos, los árboles y los bosques pueden fácilmente ser contaminados, pervertidos y corrompidos por el mal, tal y como muestran los ejemplos de Dorthonion y Brethil.

La paradoja del destino conjunto de Elfos y Hombres queda expresada mediante un repetido movimiento de entrada y salida de los bosques, hacia las envolventes tinieblas y de vuelta a la luz, en un ritmo pulsante que recorre los cuentos y encuentra un sentido final cuando, después de muchas luchas y tristezas, Tuor e Idril terminan de emerger de los bosques tenebrosos y se embarcan en un viaje conjunto hacia mar y cielo abiertos. Esta emergencia de los bosques de Beleriand —en cuyo proceso la luz mezclada del Silmaril ha sido sacada de la oscuridad de Angband, de las entrañas de Carcharoth, de las cavernas y los bosques escondidos de Doriath, hasta alcanzar el cielo abierto— puede verse como una hazaña que redime los errores pasados, iluminando a Hombres y Elfos y llevándoles una visión de esperanza eterna, ahora fijada en el cielo.

El viaje de Eärendil y Elwing articula esta emergencia y proporciona una visión de consumación: Vingilot lleva tanto el destino conjunto de Elfos y Hombres como una combinación de los elementos relativos a los Valar. Por tanto, la luz verdadera y mezclada del Silmaril finalmente acaba siendo emblemática de la esperanza para ambas razas, tras un largo y paradójico recorrido por los bosques de Beleriand.

III. La Segunda Edad

_____ Las talas y el fin del mundo_____

En el mundo de Tolkien, la actitud apropiada y divinamente justificada hacia el mundo natural no sólo se fundamenta en la idea de amar, respetar y disfrutar del mundo tal y como es, sino también implica cierta dosis de utilitarismo[13]. Ya hemos hablado de las características e implicaciones de la luz combinada de los Dos Árboles, así como del debate entre Aulë y Yavanna acerca del valor de los árboles. En la Segunda Edad, ambas cosas sirven como precedente mítico que arroja luz sobre las dificultades con las que los Númenóreanos deben lidiar en sus esfuerzos por prosperar tanto espiritual como físicamente en su isla.

Aunque separados entre sí por toda la Primera Edad, Valinor y Númenor están conectados por los árboles de varias maneras significativas, incluso cuando la responsabilidad del mundo ha cambiado, de los Valar a los Hijos de Ilúvatar. Al igual que la estancia de la mayoría de los Noldor en Valinor llega a su fin cuando Melkor

---

[13] Como teoría ética, el utilitarismo fue desarrollado por Jeremy Bentham y John Stuart Mill en el siglo XIX. Según Mill, tal y como explica en _Utilitarismo_ (1863), el hecho de que cada persona desee su propia felicidad entraña que todas las personas que vivimos en una sociedad debemos esforzarnos por aumentar la felicidad de todos, por lo que una acción que conduce al máximo placer y utilidad para la sociedad es la mejor acción posible. Sin embargo, el tipo de utilitarismo que queda retratado como ejemplar en las obras de Tolkien se fundamenta en los principios del «utilitarismo ideal», que encontró a su defensor más elocuente en el filósofo G. E. Moore, cuyo ensayo _Ética_ (1912) expone que, aparte de un mero deseo de obtener placer (lo cual era el punto de vista promovido por Bentham, Mill y otros), valores como la belleza y el amor también son partes indispensables en la ecuación que conduce a lo útil.

y Ungoliant destruyen los Dos Árboles y Fëanor se niega a extraer la luz mezclada de los Silmarils, Númenor es ahogada bajo las olas cuando Sauron incinera el Árbol Blanco y desencadena la invasión númenóreana de Valinor. El cambio de Valinor a Númenor implica una disminución general[14] —ahora los protagonistas son Hombres en lugar de Dioses y Elfos, en una tierra a mitad de camino entre el inmortal Reino Bendecido y la Tierra Media mortal, y con versiones «diluidas» de los árboles míticos— pero en ambos casos, la expulsión de un paraíso se produce cuando los Hijos de Ilúvatar permiten que el espíritu de la posesión perturbe el equilibrio apropiado en sus relaciones con el mundo creado. Además, la civilización númenóreana también depende de una vida equilibrada en algún punto entre el cielo, con sus estrellas de esperanza y promesas, y la tierra, el lugar donde moran como mortales. Por esta razón, la propia morfología del árbol, con raíces en la tierra y ramas que se extienden hacia el cielo, lo pone en contacto con ambas realidades y lo convierte en un símbolo especialmente apto y versátil para la vida en un mundo mortal.

Los árboles en el paraíso
terrenal de Númenor

Con el inicio de la Segunda Edad, los descendientes mortales de Eärendil y Elwing reciben la oportunidad de un nuevo comienzo en la maravillosa isla de Númenor —un don de los Valar, donde pueden vivir con todos los requisitos necesarios para disfrutar de vidas muy plenas. Los Númenóreanos quedan retratados como un pueblo privilegiado, destinado a tener éxito en todo lo que se proponga. A través de su sangre mezclada se les otorgan poderes y una esperanza de vida muy superiores a los de sus predecesores humanos en la Primera Edad, son sabios y habilidosos, y han sido infor-

---

[14] Véase Flieger, quien concluye que «Tolkien ha diseñado un proceso de disminución y fragmentación para su luz que lleva a su cada vez mayor distanciamiento físico y espiritual de las gentes de la Tierra Media» (*Splintered Light* 97).

mados de la postura ideal combinada hacia la creación tanto por la vía del mito (en particular, la conversación entre Aulë y Yavanna referida en el Capítulo 1) como por los precedentes históricos. Es más, la luz mezclada de los Dos Árboles, captada en los Silmarils, ya no está escondida, sino fijada firmemente en el cielo para guiarlos. La isla, en efecto, tiene muchas de las connotaciones de un paraíso terrenal, y los magníficos árboles de la isla lo reflejan. Los elfos de Tol Eressëa traen a los Númenóreanos varias especies de *nísimaldar* (árboles fragantes), que no sólo son extremadamente grandes, abundantes y fragantes, sino que también tienen hojas perennes; una cualidad naturalmente asociada a la inmortalidad.

Sus nombres también los vinculan a la esfera de lo divino y eterno: *oiolairë* (verano perpetuo); *nessamelda* (amado por Nessa); *vardarianna* (don de Varda), *taniquelassë* (hoja de Taniquetil), y *yavannamíre* (joya de Yavanna) (*Inconclusos* 216). En cuanto a su color, el énfasis recae sobre oro, plata y verde; con el verde actuando de manera simbólica como un vehículo orgánico (mortal) para los colores respectivos de los Dos Árboles y todo lo que implican: el sol y la luna, lo masculino y lo femenino, Hombres y Elfos, la mortalidad y la inmortalidad. Además, los árboles son muy grandes. Se dice, por ejemplo, de los *mellyrn* que alcanzaban una estatura enorme en la isla, y que allí eran mucho más grandes que sus homólogos, los *malinorni* de la Tierra Media (216). Aparte de esto, el humus y el clima de Númenor parecen especialmente apropiados para el crecimiento de estos árboles (mientras que la Tierra Media es menos apta para ellos —Gil-galad no puede hacerlos crecer en Lindon; sólo Galadriel es capaz de conseguirlo[15], gracias a sus poderes especiales (216). Esto refleja la idea de que Númenor está situada espiritual y físicamente más cerca de Valinor que la Tierra Media, y aumenta las connotaciones de un paraíso terrenal.

---

[15] El único otro ejemplo de un mallorn al oeste de las Montañas Nubladas es el árbol plantado por Sam para sustituir al Árbol de la Fiesta, talado por Saruman y sus secuaces. Hablaremos más de ello en el Capítulo 4.

Los parientes distantes de los Dos Árboles

En definitiva, los árboles de Númenor están asociados a la idea de un paraíso terrenal gracias a su abundancia, sus agradables fragancias, sus hojas perennes y su gran tamaño, pero sólo hay uno de «auténtica» ascendencia divina; a saber, Nimloth, el Árbol Blanco. Sin embargo, incluso este árbol no es más que un pariente distante de los Dos Árboles, tres veces separado de su fuente original: siendo un retoño de Celeborn en Tol Eressëa, desciende de Galathilion, el árbol que Yavanna creó a imagen de Telperion para el disfrute de los Elfos en Tirion (*Silmarillion* 347).

A través de este desplazamiento en el espacio y en el tiempo, las connotaciones divinas tanto de árboles como de los protagonistas han quedado reducidas a unos reflejos mortales de los relatos míticos situados en Valinor, y mientras la historia de la civilización númenóreana —narrada sobre todo en «La caída de Númenor» y «Aldarion y Erendis»— repite el patrón valinoreano de un movimiento desde la bienaventuranza hasta la desilusión y una catastrófica caída, el paraíso que los Númenóreanos deben abandonar es mortal (a diferencia de las Tierras Imperecederas), lo cual hace que la tragedia sea aún más conmovedora.

Las primeras dos partes de este proceso cíclico se aprecian claramente en el cuento sobre Aldarion y Erendis, en el que los árboles se usan nuevamente como metáfora central para reflejar las dificultades de mantener una relación equilibrada con el mundo natural.

Aldarion y Erendis

Antes de la llegada de Aldarion a la escena política de Númenor, las actitudes de los isleños son consistentes con la idea de que los árboles deben ser apreciados y amados por sus cualidades intrínsecas, pero también se supone que han de ser usados para fines prácticos. Se dice que aman la madera, «en la vida cotidiana [y] por la belleza de la talla» (*Inconclusos* 244). La llegada de Aldarion coincide con un momento histórico en el que una realidad más prosaica está afectando a los Numenóreanos, ya que hay más gente en la isla, y eso crea una necesidad más grande de madera. El cuento de Aldarion y Erendis puede leerse como un relato sobre las tensiones que surgen a partir de este apuro, y muestra cómo la postura dividida de la pareja hacia los árboles altera el equilibrio ideal, socavando tanto su relación privada como una de las piedras clave sobre las que se apoya la civilización númenóreana.

Ideas conflictivas sobre los árboles en Númenor

La historia comienza cuando Aldarion regresa a Númenor después de una ausencia de veinte años, y descubre que su padre Meneldur, el Rey de Númenor, ha reducido el número de árboles en la isla. Aldarion, quien desea crear una gran flota para mejorar las expectativas de los isleños, toma inmediatamente la decisión de ocuparse personalmente del asunto y «viajó por un extremo a otro examinando él mismo el estado de los bosques» (*Inconclusos* 233). Durante esta tarea de cuantificación de árboles conoce a Erendis, quien declara que ama los árboles de la isla independientemente de su utilidad. Bajo la influencia de Erendis, Aldarion desatiende la construcción de naves; «no derribó árboles y se dedicó

sólo a plantarlos» (234). Esto queda retratado como algo positivo, ya que «tuvo más alegría en esos días que en cualquier otro día de antes» (207).

Sin embargo, a largo plazo la actitud de Erendis no termina de convencer a Aldarion, quien se siente cada vez más atraído por el mar, y desea emprender nuevos viajes de exploración a la Tierra Media. La pareja tiene una discusión en la que Erendis se queja explícitamente de la obsesión de Aldarion por el mar, mientras que Aldarion se lamenta de la apreciación de Erendis de los árboles únicamente como objetos de belleza (*Inconclusos* 235). Las respectivas posturas de Aldarion y Erendis reflejan las de Aulë y Yavanna, referidas en el Capítulo 1: por un lado, Aldarion necesita madera para construir sus naves, explorar los mares y colonizar la Tierra Media, y con esto expresa una actitud utilitarista y tecnológica, fundamentada en la aplicación y la apropiación de materia, similar a la que muestra Aulë al crear los Enanos. En cambio, el amor de Erendis por los árboles es estético, basado en una apreciación de sus cualidades intrínsecas únicamente, lo cual recuerda a la postura de Yavanna.

A diferencia del antecedente mítico, Aldarion y Erendis no son capaces de reconciliar sus diferencias de manera fructífera, en parte porque ambos son incapaces de ceder en sus afectos particulares. Por ejemplo, cuando Aldarion dice a Erendis que dejará intacto a cualquier árbol que le guste, su respuesta —«Amo todos los árboles que crecen en esta isla» (*Inconclusos* 235)— indica una profunda obsesión con la preservación de *todos* los árboles locales, algo que, sin duda, contribuye a ensanchar el cisma que se ha abierto entre ellos. Esto se acentúa aún más cuando Aldarion, en un intento de arreglar la incipiente crisis, invita a Erendis a viajar con él a la Tierra Media, donde hay «bosques más extensos que Númenor, libres y salvajes desde el principio de los días, donde todavía puede escucharse el gran cuerno de Oromë, el Señor» (240). Sin embargo, Erendis no puede concebir la potencial grandeza de estos bosques, ya que su preferencia por los árboles locales hace que no sea capaz de ver el valor de los bosques en cualquier otro lugar que no sea Númenor. «No lo deseo», dice; «mi corazón pertenece a los bosques de Númenor» (240).

Aldarion, por su parte, se dedica con cada vez más decisión a proyectos utilitaristas e imperialistas, y comienza a reconocer el terreno, cuantificando los bosques para averiguar cómo incrementar su flota. En resumen, los puntos de vista opuestos de la pareja en relación a una administración apropiada de los bosques de Númenor funcionan como una metáfora para el desequilibrio en su relación, que adquiere unas dimensiones que van más allá de lo meramente personal.

La Rama Verde de Retorno

Estas diferencias se manifiestan también a través de otros símbolos relacionados con árboles, el primero de los cuales es la Rama Verde de Retorno. Esta tradición, que consiste en colocar una rama de *oiolairë*, que «medraba en el aire del mar» (*Inconclusos* 230), en la proa de las naves en señal de amistad con los Maiar Ossë y Uinen, proviene de los Elfos y reconcilia agua y madera, hombres y mujeres (siempre es una mujer la que coloca la rama en la nave para manifestar su deseo de que regrese felizmente).

La Rama Verde de Retorno funciona como un símbolo especialmente apto para la relación entre Aldarion y Erendis cuando el primero no regresa en la fecha prometida de uno de sus viajes, y se nos dice que la Rama Verde de Retorno se ha marchitado. Sin embargo, un árbol puede continuar vivo incluso después de la pérdida de una rama, y el incidente sirve simultáneamente como una metáfora para la cuestión de si Aldarion y Erendis van a ser capaces de reajustar el rumbo, aparentemente fatal, que su relación parece haber tomado.

El árbol élfico y las aves

La pareja se embarca en la senda de la reconciliación cuando, a pesar de sus diferencias, decide casarse. El regalo de boda de los elfos a Aldarion es un árbol «de corteza blanca como la nieve, y de tallo recto, fuerte y flexible como el acero; pero no tenía hojas todavía» (*Inconclusos* 243). Las connotaciones tradicionales de una boda están insertas en esta descripción: el árbol se convierte en el símbolo de una unión que implica vigor, luminosidad, rectitud y un futuro prometedor.

Sin embargo, el cumplimiento de estas promesas depende de cómo se cuide el árbol. La primera respuesta de Aldarion es típica de su actitud hacia los árboles: «La madera de semejante árbol ha de ser preciosa en verdad» (*Inconclusos* 243), dice. Los elfos presentes en la boda contestan que no lo saben, porque nunca la han abierto, explicando que «da hojas refrescantes en verano y flores en invierno. Es por eso que lo apreciamos» (243). Con estas palabras, los elfos dan a entender que valoran el árbol como árbol, por su don natural de ofrecer sombra en verano, y por su belleza en invierno. Por tanto, su acercamiento es doble: por un lado, es estético y espiritual, fundamentado en los principios de amor y de armonía. Por otro lado, disfrutan de su utilidad, pero respetan su integridad.

A Erendis, los elfos le regalan una pareja de aves que, como dicen, «se aparejan para toda la vida», con la esperanza de que «[haya] muchos pájaros que canten en los jardines de vuestros hijos» (*Inconclusos* 243).

Una vez casados, Aldarion y Erendis se trasladan a una casa preparada para ellos en Armenelos, con un jardín en el que queda plantado el árbol élfico. No obstante, la incapacidad mutua de la pareja de adaptarse el uno al otro da lugar a más conflictos, y en un acto repleto de connotaciones de separación sexual y emocional, Erendis finalmente espanta a las aves, que abandonan el árbol en el que han vivido hasta entonces (*Inconclusos* 247). El resto de los árboles en el jardín sufre un destino parecido: cuando Aldarion regresa tarde, una vez más, de uno de sus viajes, y recibe una fría bienvenida de Erendis —quien a estas alturas ha dejado la casa y vive sola— él regresa a Armenelos y:

> Ordenó a algunos que derribaran todos los árboles del jardín, excepto uno, y los llevaran a los astilleros. [...] Sólo conservó con vida el árbol blanco de los Elfos; y cuando los leñadores hubieron partido, lo miró allí en pie en medio de la desolación y vio por primera vez que era hermoso en sí mismo [...] Le recordó a su hija, y dijo: —También a ti te llamaré Ancalimë. ¡Que los dos se mantengan así de altos, en larga vida, y sin que el viento o una voluntad ajena puedan torcerlos, y que nadie ni nada llegue a troncharlos!
>
> (*Inconclusos* 258)

La interpretación del árbol por parte de Aldarion subraya su falta de voluntad de ceder a Erendis, y aunque es capaz de percibir su belleza intrínseca, su valoración es estéril: dada la evolución posterior de los acontecimientos, él mismo habría hecho bien en doblarse un poco para crear algo más fructífero y duradero.

Los árboles y el imperialismo númenóreano

Aldarion comienza ahora a destinar más tierra a la plantación de árboles, pero Erendis tiene la impresión de que «no amaba demasiado a los árboles por sí mismos, y que los estimaba sobre todo por la madera que habría de servir a sus designios» (*Inconclusos* 244). Tiene razón; poco después, se propone construir nuevos barcos, entre ellos una nave enorme, popularmente conocida como Turuphanto, o la ballena de madera. Aldarion trata de justificar sus excesos diciendo que planta más árboles de los que tala, pero lo cierto es que se está embarcando con más entusiasmo que nunca en el camino del utilitarismo y la apropiación, y el magnífico Turuphanto puede interpretarse como un monumento vanaglorioso a esta actitud.

A estas alturas, su relación con Erendis está completamente deteriorada, y esta vez Aldarion parte sin una Rama Verde de Retorno para acompañarlo, bautizando a su barco Hirilondë, o «Descubridor de puertos» (*Inconclusos* 246) —un símbolo de su deseo de no regresar, sino de encontrar un nuevo refugio separado de lo que más tarde llama «esta malhadada isla de ensueños» (259). Desde su punto de vista, los ensueños equivalen a no usar la madera para construir, expandir y buscar nuevos horizontes más allá de los límites de un paraíso que le resulta demasiado provinciano para las glorias que quiere regalar a los futuros reyes de Númenor.

Los árboles y la regresión

El desequilibrio en la pareja real, causada por una postura dividida hacia la apreciación y los usos de árboles, puede entenderse como una regresión moral que anticipa la de los regentes futuros que, en última instancia, desemboca en la aniquilación de toda la civilización númenóreana[16].

---

[16] La actitud de Aldarion se describe como desastrosa a largo plazo: su obsesión con la expansión colonial no sólo allana el camino para las conquistas posteriores de los Númenóreanos en la Tierra Media, sino que también conduce al fatal encuentro con Sauron, que a su vez propicia la destrucción de la isla.

Mientras que el uso de Aldarion de los árboles para llevar a cabo proyectos imperialistas —la connotación queda reforzada por el símbolo tradicional del águila en su nave (*Inconclusos* 263)— se presenta como una transgresión que altera un equilibrio apropiado, también debemos señalar que la relación de Erendis con los árboles se ha deteriorado de manera parecida. Ahora no sólo odia el mar, sino que «ni siquiera quería mirar a los árboles, que antes había amado, pues le recordaban los mástiles de los grandes navíos»[17]. En consecuencia, Erendis regresa a los pastos de su región nativa, Emerië; un entorno que remite a un época más primitiva e inocente de la historia númenóreana. Aquí su estado de ánimo se vuelve cada vez más amargo e intenta desprestigiar a Aldarion ante su hija. Cuando se le convoca a Armenelos, se niega a acudir, alegando que su casa ha sido destruida. Puesto que el edificio permanece intacto, es evidente que se refiere a los árboles del jardín que Aldarion mandó talar.

Por tanto, la idea de Erendis de un hogar está fundamentada no sólo en la presencia de árboles, sino que también en una apreciación puramente estética de ellos. En este contexto, las palabras que acabamos de citar pueden dar a entender que la isla entera de Númenor ha sido destruida para ella, a pesar de los esfuerzos de Aldarion por plantar más árboles de los que tala, porque lo hace con un propósito equivocado, envenenando de alguna manera la esencia misma de ellos. Pero la aproximación puramente estética de Erendis, separada de cualquier principio de utilidad, también puede ser interpretada como una regresión a un estadio evolutivo más primitivo que, en última instancia, es provinciana, improductiva e impotente ante las fuerzas del imperialismo.

---

[17] La imagen enfatiza los peligros inherentes en el uso de árboles para propósitos imperialistas, negando tanto su valor inherente como la necesidad de percibir el mundo como un don en lugar de una posesión, sobre todo porque anticipa la descripción de la flota númenóreana que oscurece el mar, con mástiles «como un bosque sobre las montañas» (*Silmarillion* 329) antes de que se embarquen en su viaje final a Valinor en *La Caída de Númenor*.

El Árbol Blanco y el destino de Númenor

Cuando en la época de Aldarion los primeros númenóreanos llegan a la Tierra Media, descubren que los bosques oscuros, carentes de casas, son terreno fértil para las fuerzas corruptivas de Morgoth, a través de Sauron. En consecuencia, una de las prime-

ras cosas que hacen como colonizadores es enseñar a los hombres a salir de la oscuridad —literal y simbólica— de los bosques, y el resultado se describe como liberador: «los Hombres de la Tierra Media encontraron consuelo, y aquí y allí, en las costas occidentales, los bosques deshabitados retrocedieron, y los Hombres se sacudieron el yugo de los vástagos de Morgoth y olvidaron el terror a las tinieblas» (*Silmarillion* 312).

Sin embargo, puesto que la actitud ideal hacia el mundo natural está articulada por los Dos Árboles y fundamentada en un equilibrio, un bosque completamente talado también es potencialmente desastroso[18]. Desde este punto de vista, la tala de árboles, y sobre todo la incineración ritual de Nimloth, el Árbol Blanco de Númenor (epítome de la civilización númenóreana y sus lazos con Eru-Ilúvatar), culmina el proceso que comenzó cuando Aldarion y Erendis no consiguieron mantener el equilibrio ideal. Se dice que «el Árbol Blanco fue desatendido y empezó a declinar» (318) ya en los días de Ar-Gimilzôr, el vigésimotercer Rey, y cuando más adelante Sauron fue llevado a Númenor desde la Tierra Media, no tardó en pasar del papel del prisionero al de sumo sacerdote de Melkor, y apremió al Rey Ar-Pharazôn para que talase el Árbol Blanco, ya que era un símbolo de lo que él afirmaba era un dios falso inventado por los Valar (322-324).

El salvador de la cultura númenóreana —que no de su isla— es Isildur, quien consigue robar un fruto de Nimloth antes de la tala del árbol. Como representante de «Los Fieles» (los Númenóreanos que se negaron a ceder ante Sauron y se mantuvieron fieles a Eru Ilúvatar) y miembro de la casa de los Señores de Andúnië (una rama de la familia real), el bienestar personal de Isildur está directamente vinculado al Árbol Blanco. Sólo cuando el nuevo árbol crece y las primeras hojas se abren en primavera, Isildur se recupera de las heridas que le fueron infligidas en la incursión, convirtiéndolo en el sostén simbólico de la «verdadera» cultura númenóreana en una nueva era. Es más, la fortuna de la isla entera depende de la salud de Nimloth: tal y como profetizó Tar-Palantir en su momento, «cuando el Árbol pereciese, también concluiría la estirpe de los Reyes» (*Silmarillion* 319).

La relación está basada en una herencia doble, influenciada en ambos casos por los dioses: por un lado, Nimloth es un pariente de Galathilion, a su vez creado a imagen de Telperion por la

---

[18] De hecho, la tala completa de los bosques en ambos lados del río Gwathló, por parte de los númenóreanos, causa la ira de los locales, quienes comienzan a realizar ataques y acciones de sabotaje de la infraestructura númenóreana. Con el tiempo, este malestar es usado por Sauron contra los Númenóreanos. (Inconclusos 290-291)

propia Yavanna; y, por el otro, el ancestro lejano pero directo de los Númenóreanos es Eärendil, quien llevó la luz mezclada de los Dos Árboles al cielo y la fijó como una estrella de orientación y esperanza en el firmamento.

El Árbol Blanco finalmente es talado y usado para hacer el primer fuego en el altar. El humo es tremendo: «una nube cubrió la tierra durante siete días, hasta que lentamente se trasladó hacia el oeste» (*Silmarillion* 325). Amandil, el Señor de Andúnië, dice ahora a su heredero Elendil que se marche de la isla con sus hijos Isildur y Anárion, y el resto de los Fieles, «sin estrella que os guíe» (327); las estrellas del cielo —las luces de Varda y, sobre todo, la Estrella Vespertina, que lleva la luz mezclada de los Dos Árboles para guiar a Hombres y Elfos—han sido escondidas metafórica y literalmente por el humo derivado de la quema de Nimloth

Los árboles y la caída de Númenor

En un paralelismo al mito de Aulë y Yavanna y la destrucción de los Dos Árboles en *El Silmarillion*, Tolkien hace un uso simbólico extensivo y recurrente de los árboles en Númenor para transmitir la idea de que la alteración del equilibro ideal puede tener catastróficas consecuencias.

No en vano, la apropiación y la tala de los árboles por parte de Aldarion, por motivos prácticos e imperialistas, equivalen a una transgresión, ya que el futuro rey no es capaz de ver que la cantidad y el tamaño importan menos que la necesidad de percibir el mundo creado como un don tanto para ser usado como apreciado por su valor intrínseco. Del mismo modo, la inflexible postura de Erendis, fundamentada únicamente en una apreciación estética de los árboles —y sólo de los árboles de su propia isla— también queda retratada como potencialmente desastrosa. Además, parecería que los grandes bosques prístinos constituyen un terreno fértil para espíritus malignos (ya sea bajo la influencia de Melkor o de Sauron), mientras que la actitud opuesta, que aspira a eliminar completamente a los árboles, permite que el mal posea las mentes de los Hijos de Ilúvatar. En cambio, cierto grado de control —

como en el jardín de Aldarion y Erendis en Armenelos, o los Jardines de Lórien en Valinor— es más
emblemático de un equilibrio apropiado.

La postura más nociva de todas es el deseo de dominio y apropiación, que altera el equilibrio de manera contundente. En Númenor, el acercamiento cada
vez más utilitarista de Aldarion hacia los árboles, y su
consiguiente apropiación de los bosques de la Tierra Media, sirven como un preludio de los excesos
de Ar-Pharazôn, quien autoriza a Sauron a talar y a
sacrificar ritualmente el Árbol Blanco en su deseo de
conquistar incluso las tierras de los propios Valar.

El hundimiento de la isla y el exilio de los Fieles en la Tierra Media señalan otro alejamiento en
el espacio y el tiempo respecto de la luz original
de los Dos Árboles; un movimiento que comenzó
cuando Fëanor y sus seguidores abandonaron Valinor. Esta vez, sin embargo, es un asunto diluido
en comparación con las guerras espectaculares en
las que Fëanor y los Noldor trataron de vencer a
Morgoth en Beleriand: ahora una tripulación des-
greñada de númenóreanos, apalaeados por la tor-
menta, apenas consigue llegar a las salvajes costas
de la Tierra Media con el retoño de Nimloth, para
volver a empezar.

De este modo, el hilo conductor arbóreo que
fue establecido en Valinor se perpetúa, aunque sea
más débil, en la Tercera Edad, proporcionando un
leitmotiv que simultáneamente conecta el tiempo y
el espacio y otorga una profundidad mitológica al
mundo de Tolkien.

IV. La Tercera Edad

—————————— Árboles viejos y retoños nuevos——————————

En la Tercera Edad, la descripción de Tolkien de los árboles y los bosques, aunque esté arraigada en la tradición, termina alterando y subvirtiendo muchas ideas tradicionales acerca de cómo debemos interactuar con el mundo natural. Más específicamente, al involucrarse imaginativamente con la tradición y creando algo nuevo a partir de ella, Tolkien se mueve desde los ideales de la mayordomía y el utilitarismo ideal de edades previas, hacia una actitud más radical, fundamentada en un ecocentrismo activamente fomentado, pero sin ceder completamente a la postura no-antropocéntrica de los activistas que abrazan árboles u otros agentes del movimiento de la contracultura que surgió cuando Tolkien terminó de escribir *El Señor de los Anillos*.

Tolkien, los árboles y el siglo XX

Las experiencias de Tolkien en la Gran Guerra aumentaron su disgusto con una modernidad ultratecnológica y reforzó su aparentemente reaccionaria nostalgia por la dicha rural de un mundo preindustrial, pero también allanaron el camino para una sublevación indignada y elocuente contra las máquinas, que apelaba al movimiento de la contracultura de la década de 1960. Una importante razón del éxito de *El Señor de los Anillos* entre los estudiantes universitarios norteamericanos en aquella década es que el libro expresaba un «augurio ecológico» (Campbell), mucho antes de que estos términos se pusieran de moda. Los hippies estaban encantados con los hobbits rurales, con su estilo de vida sencillo y pacífico en comunión con la naturaleza, y la contundente respuesta de los Ents, quienes pusieron punto y final a la devastación industrial en Isengard y su entorno, se convirtió en una precursora de radicales acciones pro-ecológicas en el mundo real. El propio Tolkien parecía estar a favor de este tipo de respuestas enfáticas ante los efectos destructivos de la industria. Tal y como escribió en una carta a su hijo Christopher: «Sólo hay un punto de luz, y es la costumbre, cada vez más frecuente, entre los hombres descontentos de dinamitar fábricas y centrales eléctricas. ¡Espero que eso, alentado ahora como "patriotismo", pueda seguir siendo una costumbre!» (*Cartas*, carta 52).

A mediados del siglo XX, libros que denunciaban la contaminación industrial y de la agricultura, como *Un año en Sand County* (1949) de Aldo Leopold, o *Primavera silenciosa* (1962) de Rachel Carson, señalaban los problemas derivados de la bonanza industrial de la posguerra. En este contexto, la idea de una naturaleza que devuelve los golpes tuvo que haber sido tan aterradora como atractiva —románticamente sublime, en efecto— y la Tierra Media, retratada a través de *El Señor de los Anillos*, era para muchos lectores de los 1960 lo equivalente al triunfo de la naturaleza sobre la industria y la contaminación. En palabras de Carpenter, «el énfasis implícito en la protección del mundo natural contra la devastación producida por una sociedad industrial armonizó con el creciente movimiento ecológico, y era fácil ver *El Señor de los Anillos* como un tratado de la época» (232).

En la obra más leída de Tolkien, los árboles se convirtieron en el catalizador más natural y elocuente de este tipo de reacción. Esto probablemente se debe a que tanto los bosques como los árboles individuales quedan retratados en *El Señor de los Anillos* como autónomos hasta un punto que va mucho más allá de las interpretaciones literarias previas de esta especie, asumiendo un papel más prominente que el estatus tradicional adjudicado a ellos, como un ente vivo pero pasivo[19].

---

[19] Una excepción es «Los sauces» de Algernon Blackwood, un relato breve publicado por primera vez en 1907, que Tolkien probablemente había leído. La historia versa sobre un par de aventureros que viajan por el Danubio y pasan una noche en una isla donde los sauces actúan de manera extraña, moviéndose y amenazando a los viajeros.

Los árboles al final de la Tercera Edad

Cuando comienza *El Señor de los Anillos*, este papel activo aún no ha sido asumido por los árboles. Siguen manteniendo su condición de metáfora para la memoria de un pasado antiguo y distante, y de tradiciones más antiguas pertenecientes a ciclos anteriores, con la diferencia de que, en la Tercera Edad, su tamaño y poder están más disminuidos que en Númenor. También es cierto que las conexiones con un pasado remoto se han vuelto cada vez más débiles en general: los Elfos están aún más lejos de Valinor que Beleriand en la Segunda Edad, y moran en lugares salvajes y rincones recónditos de la Tierra Media, mientras que los descendientes de Númenor y de otros hombres no son más que una sombra de lo que solían ser, olvidando sus raíces y cayendo en actitudes derrotistas (encarnadas tanto por Théoden, el Rey de Rohan, como por Denethor, el Senescal de Gondor).

Esta fragilidad y confusión general ante un futuro incierto quedan expresadas de diversas maneras, pero en términos generales podríamos afirmar que, en lugar de tomar cartas en el asunto, la respuesta más frecuente ante la creciente amenaza de Sauron es una especie de complacencia adormilada. La Comarca está dominada por una ignorancia general de lo que sucede en el mundo exterior, más allá de sus fronteras; Rohan está convirtiéndose en un lugar tan adormilado como su Rey; Lothlórien no es más que una reproducción estática de su predecesor valinoreano; en Minas Tirith el Árbol Blanco ha marchitado hace tiempo, y no parece que Denethor tenga muchas ganas de encontrar otro.

Al final de la Tercera Edad, no son ni Hombres ni Elfos los que responden primero a este letargo, sino árboles. Como tales, se convierten en catalizadores de la Recuperación, un concepto que Tolkien había explicado en *Sobre los cuentos de hadas* (tendremos ocasión de volver a él un poco más adelante), cuando se embarcó en la escritura de lo que primero había planteado como la segunda parte de *El Hobbit*, pero que se convirtió en *El Señor de los Anillos*. La reacción de los árboles, una vez que ocurre, es violenta y espectacular, y los muestra como poderosos agentes de recupera-

ción que llevan a cabo un exitoso contraataque a las fuerzas que amenazan con aniquilar tanto los árboles como el recuerdo de tradiciones más antiguas.

Este movimiento —desde el letargo hacia un despertar, seguido de una respuesta contundente que, a su vez, conduce a la recuperación— tiene lugar en muchos entornos boscosos. Cuando comienza la narración, estos entornos constituyen algo parecido a burbujas, separadas y aisladas del resto del mundo. Sin embargo, conforme avanza la historia, estos enclaves serán perturbados por incursiones desde el exterior que agitan el ambiente adormilado y motivan tanto a sus moradores autóctonos como a los viajeros —sean Hombres, Elfos, Ents, Ucornos o Hobbits— a pasar a la acción.

Los árboles olvidados de la Comarca

El Señor de los Anillos comienza en la Comarca, donde el ambiente general está marcado por una ignorancia, obstinadamente provinciana, de lo que ocurre en el mundo exterior. La Comarca no es más que un rincón remoto del mundo y los hobbits llevan vidas tranquilas en sus refugios rústicos, como si las cosas nunca fueran a cambiar. La respuesta del Tío a los sueños de su hijo Sam de ver el mundo, es reveladora: «¡Elfos y dragones!, le digo yo. Coles y patatas son más útiles para mí y para ti. No te mezcles en los asuntos de tus superiores o te encontrarás en dificultades demasiado grandes para ti» (*Comunidad*, I, 1). En otra ocasión, Sam refiere la observación, por parte de su primo Hal, de un árbol, grande como un olmo, que caminaba en los páramos no muy lejos de la Comarca, «y no hay olmos en los páramos del norte». La respuesta lacónica del molinero local Ted Arenas corta de raíz sus ensoñaciones: «Entonces no pudo haber visto ninguno» (*Comunidad*, I, 1).

La Comarca está salpicada de árboles, pero Frodo y Sam parecen ser los únicos dos hobbits que realmente los aprecian por lo que son. Incluso Bilbo se ha vuelto demasiado autocomplaciente para ver su valor inherente, y en la Fiesta de Cumpleaños, el Árbol de la Fiesta es usado meramente como andamiaje para colgar lámparas (*Comunidad*, I, 1)[20].

La puesta en escena de Tolkien nos da a entender que la Comarca necesita ser purgada de su autocomplacencia provinciana, y los hobbits tendrán que hacer frente a las devastadoras consecuencias de la industria moderna para percibir plenamente no sólo la fea realidad de las fábricas y las tierras desprovistas de árboles, sino también para recobrar una visión clara de la belleza inherente de la naturaleza —y sobre todo de los árboles. Sin embargo, también son los hobbits los que desencadenan la reacción que al final lleva a la recuperación. Conforme Frodo, Sam, Merry y Pippin comienzan a viajar a través del mundo, entran y salen de diversos «enclaves» boscosos, que han estado separados de los asuntos de los Hombres en el mundo que los rodea, durante mucho tiempo. En estos lugares se encuentran con diferentes tipos de agencias arbóreas.

El primer encuentro serio con esta alteridad ocurre en el Bosque Viejo.

---

[20] Esto en sí supone un eco distante del excesivo énfasis del valor utilitario asignado a los árboles que al final causó la caída de Númenor.

Los árboles del Bosque Viejo

En el Bosque Viejo, los árboles recuerdan. En palabras de Merry,:

> Dicen que los árboles se mueven realmente y pueden rodear y envolver a los extraños. En verdad, hace tiempo atacaron la cerca; vinieron y se plantaron al lado, inclinándose hasta cubrirla. Pero los hobbits acudieron y cortaron cientos de árboles e hicieron una gran hoguera en el bosque y quemaron el suelo en una larga franja al este de la cerca. Los árboles dejaron de atacar, pero se volvieron muy hostiles.

> (*Comunidad*, I, 6)

Es un ejemplo de la prominencia que Tolkien otorga a los árboles como especie —y no sólo por derecho propio, sino con sus propios *derechos* en el mundo— y les importa bien poco que el daño sea infligido por hobbits u orcos; cualquier criatura de dos patas es susceptible a ser su enemigo.

El viaje de los hobbits a través del Bosque Viejo recuerda varios episodios de la Primera Edad situados en Beleriand, donde —como ya vimos en el Capítulo 2— los árboles enmarañados quedan retratados como un entorno negativo muy propenso para que los protagonistas se desvíen y se pierdan. En este bosque, este inquietante ambiente es llevado un paso más adelante, ya que los árboles aparentemente se mueven, cerrando el paso a los hobbits y alejándolos del camino hasta que sucumben a un hechizo malévolo, lanzado por el Viejo Hombre-Sauce. La cuestión de si los árboles actúan (y, si es el caso, si lo hacen por voluntad propia o no) ha sido un tema debatido por varias investigadoras. Cynthia Cohen atribuye el episodio a un comportamiento realista y natural de árboles, mientras que, desde el punto de vista de Flieger, es la percepción de los hobbits la que les incita a creer que los árboles tienen agencia propia: «Tolkien no presenta el bosque directamente, sino de manera oblicua, refractado a través de la sensibilidad de un hobbit. Son los hobbits, no el narrador, los que atribuyen intenciones y emociones al bosque» («Faërie: el reino peligroso de Tolkien» 38-39). Esta interpretación, sin embargo, no es consistente con el proceso general del despertar que ocurre en varios bosques de la Tierra Media, ni con su culminación en Fangorn, donde queda claro que hay árboles que sí pueden moverse y actuar por voluntad propia. El propio Tolkien lo dice al afirmar que, en *El Señor de los Anillos*, «los árboles se representan despertando a una conciencia de sí» (*Cartas*, carta 339).

Como ya hemos señalado, el Bosque Viejo refleja parcialmente los esfuerzos de los héroes de abrirse paso por los bosques de Beleriand en la Primera Edad, pero en el polo opuesto de la secuencia de disminución: en lugar de grandes héroes como Beren, Túrin o Tuor, ahora son unos pequeños hobbits los que se mueven a través de bosques oscuros y opresivos para finalmente llegar a la iluminación. El bosque también actúa como una frontera del Mundo Antiguo, de proporciones mucho más vastas, anticipando episodios paralelos en los que los árboles adquieren una agencia incluso más alarmante que la del Viejo Hombre-Sauce. Por tanto, como enclave, el Bosque Viejo es un mundo entre mundos, una especie de zona liminar entre la realidad moderna autocomplaciente de la Comarca y el Mundo Antiguo, solemne y épico, más profundo y ancho tanto en el espacio como en el tiempo. Simultáneamente, es el lugar donde se hace evidente que los árboles ya no están dispuestos a soportar a las criaturas de dos patas, y se apoyan en tradiciones más antiguas para asistirles en su reacción.

Fangorn y las necesidades de los árboles

Mientras que, en el Bosque Viejo, los ecos de la Primera Edad están relacionados sobre todo con los árboles enmarañados y la consiguiente falta de orientación, en Fangorn los recuerdos de un pasado antiguo se centran más en el derecho de los árboles a existir para sí mismos. En la Primera Edad nunca vimos muchas acciones de los Ents, aparte de una referencia suelta a cómo ayudaron a Beren a recuperar el Nauglamír con el Silmaril incrustado que los Enanos habían robado después de matar a Thingol. En la Tercera Edad, los Ents van bastante más allá meramente de ayudar a Elfos y Hombres, ya que promueven sobre todo su propia agenda.

Otros ecos del pasado incluyen destrucciones previas de bosques: la guerra de Saruman contra los árboles de Fangorn, talándolos para alimentar sus altos hornos, es comparable a la ruina que Sauron llevó a Dorthonion en la Primera Edad, la tala completa de árboles de los Númenóreanos en la Segunda Edad, y el oscurecimiento del Gran Bosque Verde en la Tercera Edad, aunque en una escala más pequeña. En la opinión de Shippey, como ya vimos, los bosques espesos son negativos porque impiden una visión libre de las estrellas, y es cierto que algunos bosques densos producen una sensación de amenaza: los bosques de Beleriand, por ejemplo, y los de las Tierra Media cuando los Númenóreanos llegaron allí por primera vez. Sin embargo, semejantes consideraciones eran relativas a *Elfos y Hombres*. Los Ents, Ucornos y árboles ordinarios son especies diferentes, cuyas preocupaciones e intereses son distintos respecto de las de los Hijos de Ilúvatar, por lo que las necesidades de Hombres, Elfos o Hobbits se convierten en secundarias, en el mejor de los casos. El propio Bárbol ya lo dice: «No sé nada acerca de lados. Sigo mi propio camino», y añade después: «No estoy enteramente del lado de nadie, porque nadie está enteramente de mi lado, si me entendéis» (*Torres*, III, 4).

En resumen, los Ents y los Ucornos están a favor de árboles, y con la llegada de los hobbits se dan cuenta de que tienen una posibilidad de redimir los daños sufridos en el pasado y recuperar la vieja razón de ser éntica antes de que sea demasiado tarde.

La reacción y la recuperación de los árboles

En *El Señor de los Anillos*, la reacción y la recuperación arbóreas quedan expresadas de diversas maneras. La idea de la Recuperación como una pieza clave de los cuentos de hadas fue explicada por Tolkien como un proceso de limpieza. En su ensayo *Sobre los cuentos de hadas* (concebido como una conferencia en 1939), lo describe metafóricamente como la necesidad de «limpiar nuestras ventanas» con el fin de ver el mundo con una mirada renovada, y todo lo que hay en él «como objetos ajenos a nosotros» (*Cuentos de hadas* 304). Esta metáfora queda ejemplificada por la reacción de un número de enclaves arbóreos en la narrativa de Tolkien, que despejan las influencias contaminantes modernas con el fin de renovar viejas tradiciones.

En un nivel, la reacción (y la consiguiente recuperación) es llevada a cabo por árboles y criaturas semejantes (El Bosque Viejo; Fangorn). En otro nivel, Hombres y árboles (o criaturas semejantes a árboles) se unen contra un enemigo común (por ejemplo, el bosque que llega junto con Gandalf y Erkenbrand para asistir en la derrota de los orcos tras la Batalla del Abismo de Helm). En tercer lugar, los árboles también pueden ser usados por Hombres o Hobbits como vehículos o símbolos de tradiciones antiguas que enriquecen el presente y sostienen el futuro (ejemplos de lo cual incluyen el Árbol Blanco de Minas Tirith, y el nuevo Árbol de la Fiesta en la Comarca).

El Bosque Viejo

En el Bosque Viejo, la respuesta de los árboles reside en aniquilar las amenazas externas a su especie, sin traer ninguna tradición específica del pasado más allá de un instinto de supervivencia más activamente ejecutado, el cual era reivindicado por Yavanna en el pasado mítico de Arda (véase Capítulo 1). Después de que algunas zonas en las lindes del Bosque Viejo hayan sido taladas, el Viejo Hombre-Sauce, que recuerda el daño sufrido, conspira con otros árboles del bosque para atraer al grupo de hobbits liderado por Frodo hacia el río, donde amenaza con estrujar y ahogarlos hasta la muerte. Un suceso paralelo intrahistórico podría ser la tala, por parte de los Númenóreanos, en la Tierra Media, que acabó provocando acciones guerrilleras contra ellos, perpetradas por los hombres locales, y atrayendo la atención de Sauron.

Aquí vemos el lado «incivilizado», «bárbaro» y «malvado» de los árboles. Sin embargo, semejantes calificativos se generan desde un punto de vista antropocéntrico, mientras que, desde la perspectiva de los árboles, su respuesta está enfocada a salvar, enriquecer y sostener a su propia comunidad (aplicando la fórmula «cuantas menos criaturas de dos patas, mejor para los árboles»).

Fangorn

En Fangorn, Bárbol fija su mirada en un pasado diferente y lo devuelve al presente para poner fin a la exterminación de sus árboles. Es cierto que, a corto plazo, las acciones de los Ents están enfocadas a derrocar a Saruman y anegar sus talleres, con el fin de parar la marea de la destrucción y salvaguardar el futuro crecimiento de nuevos árboles. Al mismo tiempo, su contundente respuesta también sirve para establecer un lugar para los árboles en el nuevo Reino de Gon-

dor y Arnor, mediante un acuerdo informal de convivencia con otras especies, fundamentado en un respeto mutuo.

Las premisas de la Primera Edad, en la que los Ents, hasta un punto, estaban supeditados a los intereses de los Hijos de Ilúvatar, quedan ahora actualizadas. Siguiendo el acuerdo entre los Elfos de Lothlórien y los Ents de Fangorn, que permitía a cada comunidad cruzar las fronteras de su vecino *(Inconclusos*, «La historia de Galadriel y Celeborn»), tras la conclusión de la Guerra del Anillo se establece un trato parecido, pero geográficamente ampliado, con los ciudadanos del nuevo reino encabezados por Aragorn.

Ithilien

Después de la guerra, Ithilien queda despejada del mal, y su anterior belleza es restaurada por Faramir y Éowyn. En palabras de Tolkien, como Príncipe de Ithilien, Faramir «tendría a su cargo el deber de rehabilitar el territorio perdido y despejarlo de bandidos y restos de orcos» (*Cartas*, carta 244). Incluso antes de que esto ocurra, Ithilien quizá sea el lugar en Gondor que más se parezca al paraíso terrenal de los Númenóreanos, por muy mancillado que esté por los actos recientes de vandalismo y guerra. Tal y como Tolkien escribe, «Ithilien, el jardín de Gondor, ahora desolado, conservaba aún la belleza de una dríada desmelenada» (*Torres*, IV, 4).

Es aquí, en el entorno parcialmente boscoso de los Campos de Cormallen, donde los árboles están presentes sin impedir la vista del cielo abierto y de la luz de las estrellas, donde las viejas tradiciones quedan renovadas. Frodo y Sam son lavados y vestidos, y llevados fuera de un hayedo bajo una «arcada de árboles, y entre ellos y a lo lejos centelleaba el agua». Emergen a un claro abierto junto al río, donde Aragorn se sienta en un trono bajo la bandera de Godor, que muestra un floreciente árbol blanco «sobre un campo negro bajo una corona brillante y siete estrellas centelleantes» (*Retorno*, VI, 4).

Los ecos de la tradición intrahistórica abundan: cuando Sam despierta a este escenario, lo primero que ve es la luz del sol atravesando las hojas, lo cual es una imagen frecuentemente usada en el *legendarium* para expresar la idea de una Recuperación. Como ya mencionamos en el Capítulo 2, Túrin tiene una visión parecida al despertarse de su colapso físico y mental y experimenta un sentido renovado de esperanza después de mucho dolor. Además, la salida de bosques oscuros para ir al encuentro de la luz tiene un antecedente claro en la estadía de los supervivientes de Gondolin en Nan-tathren (véase el Capítulo 2).

El Árbol Blanco de Gondor

El matrimonio de Aragorn y Arwen es un eco de los destinos conjuntos previos de Hombres y Elfas, y también un reflejo de las connotaciones previas de árboles. Arwen está simbólicamente vinculada a las estrellas, mientras que Aragorn, como hombre mortal, representa el sol y la luna complementarios a través del símbolo heráldico de Elendil, grabado en su espada Andúril, que muestra ambos astros. Todas estas cosas tenían sus orígenes respectivos en los Dos Árboles.

El Árbol Blanco, que está marchito y necesita ser reemplazado por uno nuevo, es otro símbolo evidente de la íntima conexión entre el simbolismo tradicional de los árboles y la civilización númenóreana/gondoriana (que en sí se originó a través de un matrimonio entre una elfa y un hombre). Aragorn, con la ayuda de Gandalf, encuentra un nuevo retoño en las laderas del Monte Mindolluin, justo detrás de la ciudad de Minas Tirith. Milagrosamente, resulta ser:

> Un retoño de la estirpe de Nimloth el hermoso; semilla de Galathilion, fruto de Telperion, el más anciano de los Árboles, el de los muchos nombres. [...] Se ha dicho que el fruto del Árbol rara vez madura, la vida que late en él puede permanecer aletargada largos años, y nadie puede prever el momento en que habrá de despertar.

> (*Retorno*, VI, 5)

El retoño es plantado en la corte, Aragorn y Arwen se casan, y el Reino queda renovado.

Los Ents recuperan Isengard

Para cuando los Ents se asientan en el entorno de Isengard, el lugar ha sido limpiado de la parafernalia industrial por las aguas del río Isen. Las referencias intrahistóricas más claras son la anegación de Númenor en la Segunda Edad, acaecida a los isleños después de haber talado muchos árboles (y sobre todo el Árbol Blanco) para crear una gran flota y, en última instancia, tratar de conquistar Valinor.

Sin embargo, mientras que la torre de Orthanc refleja parcialmente el Meneltarma (el punto más alto de Númenor y la última parte de la isla en desaparecer bajo las olas), y las malvadas maquinaciones industriales de Saruman se parecen, hasta un punto, a las de Sauron, en la Tercera Edad sólo una pequeña parte del mundo queda anegada como castigo por la avaricia, las transgresiones contra los Valar y los impulsos imperialistas. La caída es la de Saruman, no la civilización entera de los Númenóreanos, y a diferencia del Meneltarma, que se hundió por completo bajo el mar, la torre, originalmente gondoriana, no sólo queda en pie, sino que su anterior gloria incluso queda restaurada.

El Saneamiento de la Comarca y

el nuevo Árbol de la Fiesta

Mientras tanto, Saruman se ha fugado para establecerse en la Comarca, donde ha asumido el papel de magnate industrial local bajo el alias de Zarquino. Al igual que los Ents en Isengard, los hobbits que vuelven despejan las fábricas de Zarquino y limpian el terreno para plantar nuevos árboles por toda la campiña. El nombre que Tolkien da a este proceso es el «Saneamiento de la Comarca».

En un acto simbólico cargado de emoción, Sam planta la semilla del mallorn (con la que Galadriel le obsequió en Lórien) en el mismo lugar donde había estado el Árbol de la Fiesta. Acto seguido, un nuevo mallorn crece a un ritmo vertiginoso para convertirse, presumiblemente, en un nuevo Árbol de la Fiesta en sustitución del anterior, talado por los secuaces de Saruman. Con el tiempo, el árbol se convierte en un objeto de peregrinación; un símbolo de las tradiciones del pasado, de la belleza y del asombro —en definitiva, de la Recuperación[21].

---

[21] Al hilo de esto, Garth señala los paralelismos con el Caballo Blanco cerca de Uffington en el condado de Berkshire, un símbolo de lo que los ingleses creían era su herencia anglosajona, que se limpiaba de manera ceremonial cada año como «un acto simbólico de renovación nacional» (145). Para reforzar su argumento, Garth cita dos versos del poema de Chesterton «El saneamiento del Caballo Blanco» (1911), «Si queremos tener el caballo de siempre / Volved a limpiarlo», para mostrar que la visión de recuperación tanto de Tolkien como de Chesterton se fundamentaba en la presunción de que «hay que repetir la limpieza intermitentemente, porque las malas hierbas siempre vuelven» (145).

Los árboles y los problemas
del ecocentrismo radical

Tolkien no solventa los problemas derivados delecocentrismo en la Tierra Media, a veces radical, en la Tierra Media sin
ambigüedades, ya que se niega a proporcionar soluciones simplistas. Un ejemplo
es que los Ents, al final de *El Señor de los
Anillos*, todavía tienen un problema que
está indirectamente relacionado con visiones conflictivas de la mayordomía: las
Ent-mujeres han desaparecido, y con ellas
el futuro de la especie. La canción del Ent
y de la Ent-mujer, cantada por Bárbol, da
a entender que las Ent-mujeres tenían
más interés en la agricultura que en dejar
que todo crezca libre y salvajemente (que
es la postura de los Ents varones). Por
este motivo, Flieger concluye que «la promesa […] de un lugar en el Oeste» donde tanto la feracultura de los Ents como
la agricultura de las Ent-mujeres puedan
convivir «podría ser imposible de alcanzar en la Tierra Media» («Taking the Part
of Trees» 158).

Con respecto a los hobbits, que, al parecer, han encontrado una
postura equilibrada entre una apreciación estética y otra utilitarista que
asegura una satisfacción mayor para todas las especies en la Comarca
(Dickerson y Evans 71-93), no hay garantías de que ese estado de cosas vaya a continuar para siempre. Tal y como dice Gildor Inglorion a
Frodo: «Otros moraron aquí antes de que los hobbits existieran, y otros
morarán cuando los hobbits ya no existan» (*Comunidad*, I, 3).

Flieger, refiriéndose al tratamiento sesgado de Tolkien con respecto
a la tala de árboles por parte de orcos y de hobbits, «una actividad por la

que un grupo es acusado, y el otro elogiado» («Taking the part of Trees» 156), opina que la postura de Tolkien acerca de la mayordomía no es sostenible: «El problema de cómo vivir en el mundo sin cambiarlo, de cómo hacer frente a necesidades humanas cada vez más grandes sin sacrificar una parte del entorno natural, es irresoluble» (157), afirma.

Sin embargo, la visión de Tolkien no es necesariamente la de un mundo que es, o debería ser, potencialmente perpetuo, manteniendo un equilibro constante, sino uno que bien podría cambiar de manera fundamental (los cataclismos de las Edades previas en la Tierra Media han proporcionado abundantes ejemplos de ello, en cualquier caso). Gandalf, el mensajero de los Valar en la Tierra Media (*Cartas*, carta 156), en una frase metafórica aplicable tanto a la actitud apropiada hacia el Enemigo como hacia la mayordomía en general, da a entender justo eso:

> No nos atañe a nosotros dominar todas las mareas del mundo, sino hacer lo que está en nuestras manos por el bien de los días que nos ha tocado vivir, extirpando el mal en los campos que conocemos, y dejando a los que vendrán después una tierra limpia para la labranza. Pero que tengan sol o lluvia, no depende de nosotros.

> (*Retorno*, V, 9)

Aquí, nada se dice sobre la preservación de todas las especies, o de que semejante actitud garantizaría una conservación eterna: el «tiempo», sea metafórico o real, bien puede cambiar. Por otro lado, los hobbits no son «elogiados» por sus acciones, ni se afirma tajantemente que sus actividades fueron necesarios para «una campiña ordenada y bien cultivada,» tal y como Flieger («Taking the Part of Trees» 153) da a entender. De hecho, las primeras señales de hostilidad de parte de los árboles en el Bosque Viejo bien podrían haber sido una experiencia reveladora que alertó a los hobbits de los peligros de embarcarse en una guerra contra los árboles: en lugar de aniquilar el bosque, levantaron una barrera para protegerse de la vegetación rampante.

Los árboles son más grandes que nosotros, insinúa Tolkien, tanto literal como metafóricamente, y haríamos bien en tener en cuenta las muchas formas físicas o espirituales que pueden adoptar. Al igual que otras especies, están inmersos en un complejo diálogo con su entorno, y con otras criaturas.

La memoria de los árboles

Tal y como hemos podido apreciar a lo largo de las páginas de este libro, en las obras de Tolkien los árboles sirven como el hilo conductor principal que abarca y conecta las distintas Edades, proporcionando a menudo un trasfondo para la lucha moral en Arda. Sin embargo, Tolkien no sólo perpetuó las connotaciones y valores simbólicos tradicionales de los árboles; también les dotó de agencia propia, lo cual cuestiona las piedras angulares antropocéntricas de una civilización fundamentada en el materialismo, que enfatiza la razón como el medio principal para conseguir libertad y felicidad. En la Tierra Media, la ilustración proviene no sólo de la razón humana, sino que también de los Dos Árboles, de los que emana la luz divina del Dios supremo Eru Ilúvatar, y cuya luz indirecta se extiende a lo largo de muchos cuentos y cuatro largas edades. La luz mezclada de estos Árboles comunica la necesidad de una postura en la que el espíritu y la materia se combinan y actúan de acuerdo con todo lo que existe en el mundo. Encarnan ideas sobre la mayordomía basada en una combinación ideal de imaginación y razón, apreciación estética y utilitarismo, y el mal ocurre cuando este equilibrio se altera.

Como los Dos Árboles, la naturaleza de los árboles y los bosques de la Tierra Media también es inherentemente paradójica. Los Elfos miran hacia las estrellas, donde permanecen los últimos vestigios de la luz original de los Dos Árboles. Pero estas estrellas son distantes y etéreas, y los árboles hablan de una existencia mortal —donde hay lugar tanto para escollos como para premios, en la medida en que recuerdan tanto a los Elfos como a los Hombres a algo más grande, sea benévolo o malvado[22].

---

[22] En obras más tardías, notablemente *El herrero de Wootton Major*, los árboles y los bosques siguieron siendo una paradoja y llegaron a representar la posi-

Esta postura no es simplista ni escapista: los árboles y los bosques en la Tierra Media no son inequívocamente buenos ni malos, sino, al igual que Hombres y Elfos, capaces tanto de buenas como de malas acciones. La idea tradicional del bien y el mal se matiza aún más en el mundo de Tolkien por el hecho de que los supuestos antropocéntricos sobre estas cosas no son la única concepción válida. En otras palabras, el retrato de Tolkien de varios árboles y bosques, aunque esté arraigado en la tradición, termina alterando y subvirtiendo muchas nociones convencionales de cómo debemos interactuar con el mundo natural. La idea central no es que el mundo vaya a perpetuarse indefinidamente si lo cuidamos de manera adecuada, sino más bien que debe ser percibido como un don en lugar de una posesión; porque esa es la voluntad de Ilúvatar.

Naturalmente, la incapacidad de percibirlo como un don, y el deseo de poseer el mundo, es lo que provoca la Caída. Después de la transgresión de Fëanor, nuevas capas de significado son añadidas progresivamente al simbolismo de los árboles, a medida que los protagonistas van explorando su relación con otras razas y con el mundo natural —moviéndose de las esferas de utilitarismo ideal en Númenor hacia el no-antropocentrismo más radical en la Tierra Media.

En esta Tierra Media mortal, con árboles enmarañados, se percibe una secuencia de disminución: los árboles se vuelven más pequeños, los bosques se reducen, y sólo algunos vestigios dispersos de un esplendoroso pasado permanecen. Al final de la Tercera Edad, los árboles quedan consolidados como metáforas para la memoria, y hacen las veces, simultáneamente, de trasfondo y de agentes activos en el proceso de renovar las viejas tradiciones para contrarrestar el mal y enriquecer la Tierra Media, con sus comunidades humanas o no-humanas.

Por tanto, la exploración literaria de Tolkien de los árboles complica el asunto de la mayordomía, ya que el autor se niega a aliarse completamente ni con las ideas tradicionales y antropocéntricas, ni con visiones modernas ecocéntricas en las que los seres humanos a menudo son percibidos como una especie malvada y dañina. En

---

bilidad de trascendencia por medio del arte y la gratitud en un mundo mortal.

última instancia, en *El Señor de los Anillos* la tradición se refresca y queda vigorizada mediante una reacción y una renovación, posibilitadas gracias a que los árboles reciben más poder y autonomía, pero esta renovación no es una garantía para una dicha de duración indefinida.

Tolkien transmite la idea de que las vidas de los árboles, al igual que las nuestras, nunca son fáciles ni carecen de ambigüedades. Ni ellos ni nosotros podemos bajar la guardia: al igual que los árboles, debemos permanecer alerta una vez que nos hemos despertado a una consciencia de nosotros mismos y de nuestro lugar en el mundo.

FUENTES PRIMARIAS

Anon. *The Epic of Gilgamesh*. Edición revisada. London: Penguin Classics, 1960.

Blackwood, Algernon. «The Willows». En *Ancient Sorceries and Other Weird Stories*. London: Penguin, 2002, pp. 17-62.

Carson, Rachel. *Silent Spring*. Boston: Mariner Books Classics, 2022.

Dante. *La Divina Comedia*. Barcelona: Penguin Clásicos, 2021.

Davies, Sioned (ed.). *The Mabinogion*. Oxford: Oxford University Press, 2007.

Filson, John. *The Adventures of Coronel Daniel Boone*. South Yarra: Leopold Classic Library, 2015.

Leopold, Aldo. *A Sand County Almanac*. Oxford: Oxford University Press, 2020.

Tolkien, J.R.R. *La comunidad del Anillo*. Barcelona: Minotauro, 1977.

—. *Las dos torres*. Barcelona: Minotauro, 1977.

—. *El retorno del Rey*. Barcelona: Minotauro, 1977.

—. *Cartas de J.R.R. Tolkien*. Edición de Humphrey Carpenter y Christopher Tolkien. Barcelona: Minotauro, 1993.

—. *El camino perdido y otros escritos*. Edición de Christopher Tolkien. Barcelona: Minotauro, 1999.

—. *El Silmarillion*. Edición de Christopher Tolkien. Barcelona: Minotauro, 2006.

—. *Cuentos Inconclusos de Númenor y la Tierra Media*. Barcelona: Minotauro, 2007.

—. *Los Hijos de Húrin*. Edición de Christopher Tolkien. Barcelona: Minotauro, 2007.

—. «Sobre los Cuentos de Hadas». En Tolkien, J.R.R., *Cuentos desde el Reino Peligroso*. Barcelona: Minotauro, 2009, pp. 257-324.

—. «Words, Phrases and Passages in Various Tongues in *The Lord of the Rings*». En *Parma Eldalamberon* XVII (editado por by Christopher Gilson), p. 19.

Virgil. Aeneid. London: Penguin Classics, 2008.

FUENTES SECUNDARIAS

Bettelheim, Bruno. *The Uses of Enchantment*. London: Penguin, 1991.

Campbell, Liam. *The Ecological Augury in the Works of J.R.R. Tolkien*. Zurich y Jena: Walking Tree Publishers, 2011.

Carpenter, *J.R.R. Tolkien: A Biography*. Boston: Houghton Mifflin, 2000.

Cohen, Cynthia M. «The Unique Representation of Trees in *The Lord of the Rings*». *Tolkien Studies* 6, 2009, pp. 91–125.

Dickerson, Mathew. «Trees». En Michael Drout (ed). *J.R.R. Tolkien Encyclopedia*. New York y Abingdon: Routledge, 2013, pp. 678-680.

—. y Jonathan Evans. *Ents, Elves, and Eriador: The Environmental Vision of J.R.R. Tolkien*. Lexington: Kentucky University Press, 2006.

Flieger, Verlyn. «Taking the Part of Trees: Eco-Conflict in Middle-earth». En Clark, George, y Daniel P. Timmons (eds.). *J.R.R. Tolkien and His Literary Resonances: Views of Middle-earth*. Westport: Greenwood, 2000, pp. 147-158.

—. *Splintered Light: Logos and Language in Tolkien"s World*. Edición revisada. Kent y London: The Kent State University Press, 2002.

—. «Faërie: el reino peligroso de Tolkien». En McIlwaine, Catherine (ed.). *Tolkien: Creador de la Tierra Media*, Barcelona: Minotauro, 2020, pp. 35-44.

Foster, Robert. *The Complete Guide to Middle-earth*. New York: Del Rey, 2001.

Garth, John. *Los mundos de J.R.R. Tolkien: Los lugares que inspiraron al escritor*. Barcelona: Minotauro, 2020.

Hammond, Wayne G. y Christina Scull. *J.R.R. Tolkien: Artist and Illustrator*. London: HarperCollins, 1998.

—. (eds.). *The Lord of the Rings: A Reader"s Companion*. London: HarperCollins, 2005.

Harrison, Robert Pogue. *Forests: The Shadow of Civilization*. Chicago: University of Chicago Press, 1993.

McGonagill, Doris. «In Living Memory: Tolkien"s Trees and Sylvan Landscapes as Metaphors of Cultural Memory». En Simonson, Martin (ed.). *Representations of Nature in Middle-earth*. Zurich y Jena: Walking Tree Publishers, 2015, pp. 139- 169.

Moore, G.E. *Ethics*. London: Williams and Norgate, 1912.

Shippey, Tom. *J.R.R. Tolkien: Author of the Century*. London: HarperCollins, 2000.

Strack, Paul. Eldamo — An Elvish Lexicon. https://eldamo.org. Acceso: 8 de febrero, 2024.

Wynn Fonstad, Karen. *The Atlas of Middle-earth*. Edición revisada. Boston y New York: Houghton Mifflin, 1991.

ÍNDICE ONOMÁSTICO

Ulmo 26, 40, 56, 60, 63
Ungoliant 30, 42, 68

V
Varda 40, 63, 69, 81
vardarianna 69
Viejo Hombre-Sauce 95, 97, 100
Vingilot 62, 65
Voronwë 8, 56, 57

Y
Yavanna 25, 26, 28, 29, 40, 60, 63, 67, 69, 70, 74, 81, 83, 100
yavannamíre 69

Z
Zarquino 106

Un cuento de árboles de Martin Simonson
se terminó de componer en las
colecciones de la editorial
LEGENDARIA
el día de Durin,
del año 2025.